Alain Pelosato

Anges, Démons et Enfer

dans le cinéma fantastique

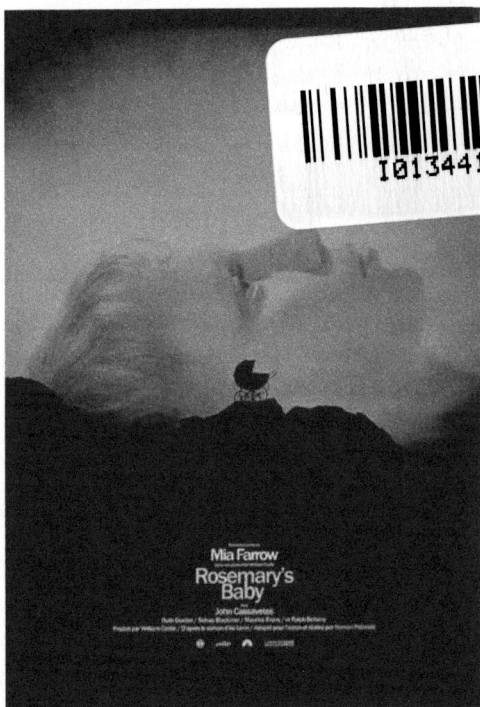

Autres titres de la même collection

Lovecraft au cinéma et à la télévision
Aliens, Mutants et autres Monstres
Zombies et autres revenants
Nature terrifiante
(Relativité, monde quantique, génétique)

Table des matières

Avertissement

Les Anges, le Diable, l'Enfer...
Un thème qui réunit le côté fantastique des religions. Un côté fascinant, et si bien développé par les romans dits « gothiques » et le cinéma.

J'ai donc recherché tous les films qui sont de près ou de loin en connexion avec ce thème.

Je me suis, bien sûr, appuyé sur mes travaux précédents que je mène depuis 1995 et dont l'aboutissement est mon livre *Cinéma fantastique et de SF – Essais et données pour une histoire du cinéma fantastique 1895-2015*.

Ce monument constitue une véritable base de données sur le cinéma fantastique dans laquelle j'ai fait le tri ; un long travail de mémoire et de recherches thématiques.

J'ai commencé ce présent livre avec une présentation de Clive Barker et son œuvre. Parce que, en ce qui concerne l'enfer, Clive Barker en connaît un morceau. Il a dessiné des portraits originaux du diable et des démons et aussi de l'enfer.

« Dans les collines », un entretien entre Peter Atkins & Dennis Etchison avec Clive Barker (2000) transcrit et édité par Dennis Etchison et traduit par Benoît Domis, Clive Barker dévoile (entre autres) sa philosophie de la vie. Cet inédit publié est par les éditions Bragelonne en 2018 avec le roman *Hellraiser*, c'est pourquoi je commence par lui dans ce livre. Voici trois citations de Clive Barker :

« *La mort est simplement l'exemple ultime de l'absence de sens. La représentation de quelque chose qui la dépasse.* »

« *L'histoire d'un voyage pour mieux se connaître soi-même, qui nécessite une descente aux enfers. L'histoire d'une personne qui doit mourir pour retrouver et ramener l'être aimé.* »

« *Nous devrions davantage nous pencher sur la façon de partager avec les gens cette tradition riche et ancienne à laquelle nous appartenons et nous empruntons.* »

Les textes d'introduction ci-dessous sont extraits de mon livre *Cinéma fantastique et de SF – Essais et données pour une histoire du cinéma fantastique 1895-2015,* ainsi que de nombreuses chroniques et les listes de films à thème à la fin de cet ouvrage. Les chroniques ont été complétées par celles des années 2015 à 2018, et celles de films antérieurs que j'ai vus depuis et qui n'y avaient pas été traités.

sfm éditions
ISBN 978-2-915512-23-6
9782915512236
Dépôt légal octobre 2018

Diable et maléfices

La première légende à remettre en cause la maîtrise de l'homme sur la nature fut celle de Faust. Ce n'est pas Goethe qui a inventé cette histoire. Elle était déjà présente dans une lettre datée de 1507, où l'on trouve mention des tribulations d'un certain *Faust*. Ensuite, en 1587, il y aura un livre qui raconte l'histoire de ce pacte avec le diable dont s'est inspiré le poète allemand. Le diable prendra ensuite différentes formes, avec lui certains font des pactes pour mieux s'échapper des contingences naturelles, donc dépasser la nature. Avant le diable, ange déchu, ce fut Prométhée qui, pour se venger de Zeus, donna aux hommes la connaissance du feu. Plus près de nous, c'est la science elle-même qui donne à Victor Frankenstein l'audace de créer un être vivant avec de la chair morte.

Le **diable** serait toujours parmi nous, mais, ce qui est sûr par contre, c'est qu'il reste peu présent sur les écrans, jusqu'à la fin du siècle où, Millennium oblige nous avons eu droit à plein de films diaboliques . Autrefois, la légende de Faust, immortalisée par Goethe, fut très fréquentée par les cinéastes. Ce qui nous valut *Les Visiteurs du soir* (1942) de Marcel Carné, *La Main du diable* (1943) de Maurice Tourneur, et *La Beauté du diable* (1949) de René Clair, une trilogie française de cinéma fantastique à laquelle nous sommes peu habitués. À chaque fois, le diable en est le héros, ou plutôt le prétexte à une grande leçon de morale chrétienne rendue fantastique par la présence de l'ange déchu joué par des acteurs formidables comme Michel Simon dans *La Beauté du diable*. Le chef-d'œuvre dans le domaine des diableries est sans conteste *Rosemary's Baby* (1968) de Roman Polanski dans lequel le malin est aussi prétexte à traiter du problème de la trahison et du complot, puis, en finale, de l'amour maternel qui conduira – et le démon le sait – la mère à élever son diabolique enfant... Voilà donc plusieurs histoires de diableries qui tiennent du fantastique social. Mais, à partir de 1968, les diableries reviennent à la mode sur des sujets beaucoup plus fantastiquement psychologiques. C'est le cas avec *L'exorciste* (1973) de William Friedkin, *La Malédiction* (1976) de Richard Donner et leurs séquelles, films dans lesquels les héros diaboliques sont des enfants devenus terrifiants à cause d'une possession. L'histoire atteint le spectateur au plus profond de sa censure morale, en général solidement implantée par une éducation – ou même seulement une tradition – religieuse, ce qui rend d'autant plus crédibles ces histoires dans notre subconscient de judéo-chrétien. Il y a donc bien quelque part le résultat d'un éventuel inconscient collectif dans l'effet produit, mais surtout, celui de notre inconscient individuel qui nous renvoie à un fantastique psychologique. Enfin, à la limite du fantastique, on trouve des films traitant du diable et de ses adeptes, comme *La Sorcellerie à travers les âges (Häxan)* (1921) de Benjamin Christensen, chef-d'œuvre d'anthologie du fantastique dans ce domaine et *Les Diables* (1970) de Ken Russel qui a dû s'inspirer un peu de ce dernier film. Ces histoires sont à ranger dans la catégorie du fantastique social, car, justement, elles analysent comment des phénomènes de société, voire de civilisation, peuvent produire des effets fantastiques sur des esprits envahis par le rationalisme surnaturel de la religion. Ainsi, des nonnes amoureuses malgré elles, et amenées ainsi à faire des rêves érotiques, se croient-elles sincèrement possédées par le Malin et acceptent même d'être conduites au bûcher par Rédemption. On observe le même fait dans des scènes très dures du film d'Ingmar Bergman *Le Septième sceau* (1956).

Dans *Suspiria* (1977) et *Inferno* (1978) de Dario Argento, les protagonistes sont les victimes de **maléfices** terrifiants. Dans le premier film, la première scène de meurtre est particulièrement angoissante, unique dans l'histoire du cinéma. Lors d'une nuit pluvieuse, une jeune fille rentre à son hôtel aux décors de couleurs criardes. Ce décor inhabituel produit déjà une inquiétude chez le spectateur qui assistera à la pendaison du cadavre de la belle au centre de la cage d'escalier aux couleurs vives expressionnistes. Mais revenons au début de la scène. Entrée dans sa chambre, elle est prise d'inquiétude et regarde au travers de la fenêtre vers l'obscurité pour tenter de voir quelque chose. Elle colle son visage contre la vitre... Qui n'a jamais tenté le même regard sur le néant extérieur de la nuit ? Et, horreur ! elle aperçoit au fond de l'obscurité deux yeux maléfiques qui la regardent et un bras armé d'un couteau jailli des ténèbres la frappe à mort à plusieurs reprises dans un décor de couleurs vives. Jamais le spectateur ne verra le propriétaire du bras armé toujours filmé en gros plan, suggérant ainsi le surnaturel de ce meurtre... Dans *Inferno*, un immeuble new-yorkais possède dans ses murs toute l'horreur de maléfices mortels. Le thème des maléfices présente toujours de pauvres innocents soumis à des forces du mal, inconnues, qui les manipulent dans un projet incompréhensible. Sam Raimi l'a particulièrement réussi dans son premier film *Evil Dead* (1982) qu'il a voulu caricatural, mais cet aspect n'a pas toujours été perçu par les spectateurs qui sont, la plupart du temps, sortis terrifiés de ce film. Ces histoires renvoient à l'inconscient personnel du spectateur, à ses terreurs inconscientes issues de la petite enfance, ce que les Américains appellent le croque-mitaine, personnage si bien utilisé par Stephen King dans son œuvre. Nous sommes donc plongés ici dans un fantastique essentiellement psychologique. Il en est de même, d'ailleurs, d'histoires comme *La Charrette fantôme* (1939), film de Julien Duvivier qui adapte une nouvelle de Selma Lagerlöf (*La Charrette de la mort* – 1900) dans laquelle la mort se fait annoncer par le bruit des roues d'une charrette sur les pavés, charrette conduite par celui qui est mort le dernier de l'année précédente. Celui qui l'entend, ce sera alors à son tour. La faute à « pas de chance » !

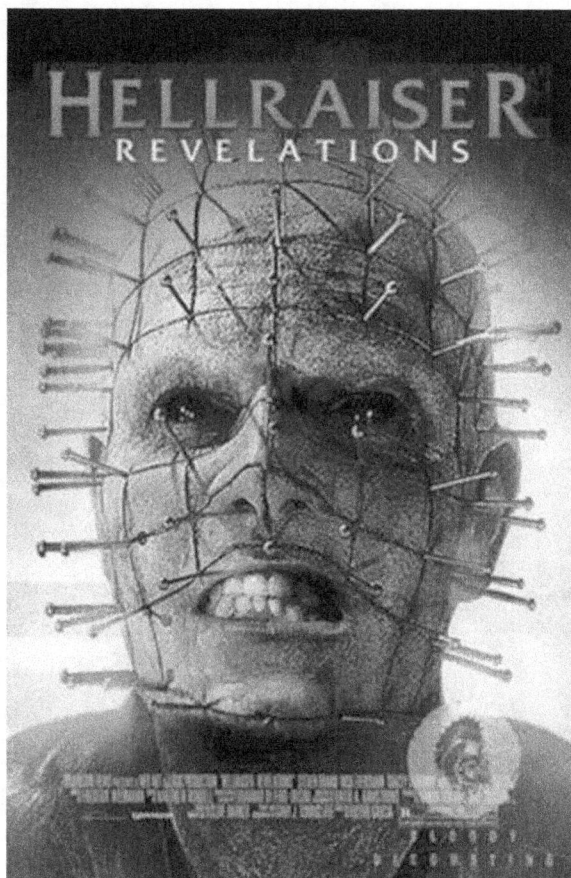

FESTIVAL DE CANNES
JAMAIS L'HORREUR N'A ÉTÉ
AUSSI SUBLIME
UN CONTE MACABRE, DIABOLIQUE ET INOUBLIABLE !
Suspiria
LE CHEF-D'ŒUVRE DE
DARIO ARGENTO

Le Gothique

Le gothique est avant tout une architecture, celle des moines et des seigneurs du Moyen Âge. Cette architecture est rentrée dans la fiction avec le roman gothique anglais dont le premier auteur fut l'écrivain anglais Horace Walpole avec son roman *Le Château d'Otrante* (1764), suivi par nombre d'autres comme (pour ne citer que les plus connus) : Ann Radcliffe avec, notamment, *Les Mystères d'Udolphe* (1794), M.G. Lewis avec *Le Moine* (1796), Sade avec *La Nouvelle Justine...* (1796), E.T.A. Hoffmann avec *Les Élixirs du diable* (1816), Mary Shelley avec *Frankenstein...* (1818), Maturin avec *Melmoth...* (1820), Jules Verne avec *Le Château des Carpates* (1892), Bram Stoker avec *Dracula* (1897) et Gustav Meyrink avec *Le Golem* (1916).

Ce genre littéraire a connu un immense succès et se poursuit d'ailleurs de nos jours puisque l'on parle de *roman gothique sudiste* pour certains écrivains américains. On pourrait citer Anne Rice avec *Entretiens avec un vampire* (1976).

Comment peut-on définir le genre "gothique" au cinéma ?

Pour cela nous allons revenir à la littérature et appeler à notre secours la remarquable étude de Maurice Lévy : *Le roman "gothique" anglais*, 1764 – 1824.

L'architecture gothique imite la forêt. Ce style architectural peut donc apparaître comme naturel. Dans la forêt, on est sous le couvert des arbres, la vue ne porte pas loin, et le symbole phallique de la futaie n'est plus à démontrer. C'est cette architecture qui est la base de l'imaginaire gothique. C'est pourquoi le cinéma gothique se définit d'abord comme mettant en place un décor de lieux fermés dans lesquels l'angoisse naît en partie du fait de l'ignorance de ce qui se cache derrière ces obstacles. Ainsi, un film moderne comme *Alien* de Ridley Scott (1979) s'inscrit bien dans cette classification. Un autre film, comme *Event Horizon*... de Paul Anderson (1997) se déroule dans un vaisseau spatial dont, d'ailleurs, le décorateur a cultivé le style gothique, notamment pour le bloc médical, dans lequel se déroulent les plus atroces événements et qui est conçu comme une crypte d'église.

Si vous avez de l'imagination et que vous la laissez vagabonder, lorsque vous entrez dans une forêt vous avez peur. De quoi ? Vous ne le savez pas. Le lieu couvert, la vue limitée par tous ces obstacles qui peuvent cacher Dieu sait quoi, tout cela entretient la peur.

Dans cette forêt, le chevalier errant poursuit sa quête, essentiellement une quête de son propre personnage, de sa propre nature. C'est ce que fait le héros de *Dark City* d'Alex Proyas, ou celui de *The Crow* du même réalisateur. Dans ces deux films, la forêt est remplacée par la ville, une ville tentaculaire, dont de nombreux aspects rappellent l'architecture gothique, particulièrement dans *Dark City* qui possède la particularité de changer chaque nuit, en même temps que se perd la mémoire de ses habitants, comme celle du personnage du *Château d'Otrante*.

« *Le suspense est d'autant plus captivant qu'il est associé à la terreur, principal ressort de l'action. Manifestement, l'intention de l'auteur est de faire peur, et il y réussit souvent, moins par les conséquences morales d'actes répréhensibles, que par les circonstances mystérieuses qui les accompagnent.* » Maurice Lévy s'exprime ainsi dans son ouvrage *Le Roman "gothique" anglais* à propos du roman *Le Château d'Otrante*. Cette citation peut être aisément appliquée aux films que je qualifie de gothiques. Comme *Event Horizon* de Paul Anderson (1997) : la terreur y est installée dès le début. Une des premières images montre le visage du héros au travers d'un hublot de station spatiale et la caméra s'éloignant brutalement montre l'exiguïté de ce lieu alors que l'espace est immense. Comme la crypte est étroite au regard de la Création.

Le style gothique a des origines médiévales, comme les églises, châteaux et cathédrales de l'architecture du même nom. Un écrivain-réalisateur anglais de terreur, Clive Barker, a particulièrement développé cette ambiance médiévale dans ses films. Ce terrifiant décor de tortures et de mort est répandu dans *Event Horizon* dont on vient de parler, mais aussi dans *Spawn* de Mark A.Z. Dippé (1997), dont l'action se déroule dans un cadre moderne.

Spawn "vit" sur les hauteurs d'une cathédrale pleine de gargouilles. La terreur est aussi particulièrement présente dans ce film.

Ce passé médiéval a une importance fondamentale dans le roman gothique anglais. *Le Château d'Otrante*, cinquante ans avant la Révolution française, avait déjà dit en vers hésitants sa satisfaction de voir son pays libéré de « l'esclavage de la mitre et des chaînes de la papauté »[1]. Ainsi, en Angleterre le baron fut vaincu par la Révolution anglaise de 1688 et le moine par la Réforme. *« L'Angleterre fut le premier pays d'Europe où châteaux forts et abbayes perdirent leur statut féodal et, cessant d'être des architectures fonctionnelles, devinrent des "objets pour la vue".*[2] *»* Le gothique reste donc quand même présent, sous forme de puissantes constructions, pour rappeler cette période. Et, comme toute construction, elle est capable, parce que son style architectural est tout en symboles,[3] de faire travailler notre imagination sur ce passé relativement lointain. Nombre de créations artistiques qui accompagnent ces constructions sont des représentations matérielles, solides, des incarnations du mal. Or n'est-ce pas ce mal, qui mêle plaisir et douleur, qui reste

---

[1] Maurice Lévy dans un article publié par la revue Europe (mars 1984)

[2] Maurice Lévy dans son étude *Le Roman gothique anglais*

[3] Voir à ce propos le symbolisme de l'alchimie dans *Le Mystère des cathédrales* de Fulcanelli.

étrangement moderne et qui nous apparaît d'autant plus terrifiant qu'il porte les signes de la violence du Moyen Âge : le feu et l'acier, les vêtements de cuir, les instruments de torture de l'inquisition...

Si on retrouve ce décor dans nombre de films de science-fiction, il faut néanmoins noter que le thème de l'incarnation d'une entité qui veut du mal à l'humanité, et qui s'en nourrit, est le mieux représenté par le vampire, dont le mythe nous vient de cette période même. Toutes ces légendes et ce folklore ont alimenté les terreurs nocturnes (réelles celles-là) de nos compatriotes humains tout au long des siècles qui ont connu les grandes pestes. Ces terreurs ont dû laisser des traces dans notre inconscient collectif. C'est pourquoi, malgré l'absence de décor purement gothique, le film *Vampires* de John Carpenter (1998) tient bien de ce genre, puisque les moines représentés par l'Église, font encore des ravages et sont à l'origine des phénomènes qu'ils prétendent combattre. Cette histoire a puisé ses ressorts dans trois grands romans gothiques : *Dracula* de Bram Stoker (bien sûr), mais aussi *Le Moine* de Lewis et les *Elixirs du diable* de Hoffmann.

PROCHAIN ARRÊT : LA MORT

FESTIVAL DE GERARDMER
PRIX DU JURY SCI FI
PRIX DU PUBLIC

MIDNIGHT
MEAT TRAIN

www.metrofilms.com

LIONSGATE

Dernières réflexions

L'écrivain qui a le mieux traité du **cauchemar** est sans conteste Lovecraft et le cinéaste, Wes Craven avec son *Les Griffes de la nuit* (1984). Mais, y a-t-il un lien entre les deux ? Wes Craven répond oui dans son dernier, *Freddy sort de la nuit* (1994). L'intrigue s'y déroule alors que des tremblements de terre se produisent à répétition. Or, tous les lecteurs de Lovecraft savent que le grand Cthulu reviendra lors de tels séismes. Simple coïncidence dirions-nous. . Et non ! car Wes Craven lui-même, qui joue son propre rôle dans ce film, cite ses sources lors d'une conversation avec l'actrice Heather Langenkamp qui joue également son propre rôle.

Wes Craven :

— *J'y vois une... une entité. Elle est vieille, très très vieille. Elle a traversé l'histoire sous différentes formes. Il y a une chose qui ne change pas dans tout ça, c'est sa raison d'être.*

Heather Langenkamp :

— *C'est-à-dire ?*

— *Le meurtre de l'innocence [...] Elle peut, dans certains cas être capturée.*

— *Capturée ?*

— *Par les auteurs de toutes ces histoires. Quand ils tiennent une bonne histoire, ils en capturent l'essence même et ensuite, ils la retiennent prisonnière dans le récit. [...] Les* problèmes viennent quand l'histoire s'arrête [...] sa mort libère le mal.

— Conclusion : Freddy serait cette entité ?

— Ouais, nouvelle version.

Certains verront le diable dans cette entité. Le cinéaste cite le conte *Hansel et Gretel* et, comme la sorcière de ce conte, la fin de Freddy dans un four où on le voit reprendre l'apparence de Satan, semblerait le confirmer. Mais Wes Craven a bien pris soin de ne parler que d'entité... Donc, laisse la porte ouverte à toutes les interprétations...

Comme l'écrit Maurice Lévy dans un article de la revue Europe (mars 1980) : « *Les gothiques ayant assez vite épuisé le mythe médiéval, les fantastiqueurs qui en Angleterre les ont succédé, se sont tournés vers d'autres mythes, d'autres légendes, vers le folklore d'autres régions ou d'autres pays. Ainsi, Bulwer Lytton explore-t-il d'un pas audacieux les avenues semées d'embûches de l'ésotérisme dans* Zanoni *(1842), ainsi Sheridan Le Fanu dans* Carmilla *(1871), comme plus tard Bram Stoker dans* Dracula *(1897) se tournent-ils vers le folklore d'Europe centrale pour y puiser leur inspiration. On pourrait multiplier les exemples de cet élargissement progressif du champ fantastique, citer les cas de John Buchan qui, après Walter Scott, fit appel au vieux fonds spécifique de légendes écossaises, celui d'Arthur Machen qui ranima dans ses récits les an-*

tiques superstitions du pays de Galles, sans oublier Lord Dunsany qui utilisa dans certaines nouvelles les mythes irlandais, ni bien sûr Lovecraft qui sonde dans ses contes le passé de la Nouvelle-Angleterre et dont les sorcières et les alchimistes, les mutants et les dégénérés illustrent les aspects nocturnes de l'âme américaine. » Et, je citerai un grand écrivain anglais contemporain, Graham Masterton, qui appuie ses récits de terreur sur des légendes du monde entier, et ses romans sur les légendes indiennes d'Amérique sont les plus passionnants (La série des *Manitou* notamment).

Dans son superbe roman *Insomnie*, Stephen King utilise également abondamment les citations cinématographiques. D'abord le héros, Ralph, un vieillard qui devient insomniaque (pour une raison tout à fait fantastique...), regarde beaucoup de films à la télévision et loue des cassettes. C'est l'occasion pour l'auteur de citer des films, d'étaler en quelque sorte sa culture cinématographique. Mais c'est aussi un procédé narratif. Il veut montrer que dans la vie c'est comme au cinéma.

Stephen King lui-même se cite à la fin de ce livre, et, une fois de plus, il faut être imprégné de son œuvre pour comprendre. L'enfant Patrick a fait un dessin :

« *Au milieu s'élevait une tour sombre[4] couleur de suie. [...] Sur un côté se tenait un homme en jean délavé, portant autour des hanches deux ceinturons d'où pendaient deux étuis à revolver. [...]*

« *Lui son nom c'est Roland, maman. Je rêve de lui, des fois. Lui, c'est un roi aussi.* »

En anglais, roi se dit « King » !

Ralph est veuf. « *Deux jours avant de mourir, elle avait découvert le billet de cinéma qui servait de signet au roman laissé sur la table de nuit de l'hôpital par Ralph et elle avait tenu à savoir quel film il avait été voir. Il s'agissait de A Few Good Men.[5]* » Enfin, on aura connaissance des films sur cassettes que loue Ralph pour faire face à ses insomnies. « *Il n'arrivait pas à choisir entre un policier, une comédie ou quelques vieux épisodes de Star Trek.* »[6] Quant à la télé, le programme n'y est pas formidable *: « C'était un vieux navet dans lequel Audy Murphy, aurait-on dit, gagnait la guerre du Pacifique à lui tout seul.* » Bien plus loin dans l'histoire, un malade à l'hôpital « *regardait Kirk Douglas et Lana Turner dans Les Ensorcelés.* »[7]

Ceci étant posé, Stephen King utilise des scènes de film pour mieux s'exprimer, en tant

---

[4] Rappel : la "Tour sombre" est un cycle de romans de Stephen King que j'ai analysé ci-dessus.

[5] Toutes les citations sont tirées de l'édition France Loisirs. Page 53.

[6] Page 61.

[7] Page 411.

qu'écrivain, et, aussi, pour placer ses personnages dans le monde culturel du cinéma, monde moderne du vingtième siècle. L'écrivain utilise la culture cinématographique comme un manifeste culturel moderne.

« Ce n'était pas à un superméchant de bande dessinée qu'il avait affaire là, pas à Norman Bates, ni au capitaine Achab. » Déclare-t-il pour se rassurer. Et tant pis pour le lecteur dont la culture cinématographique n'est pas suffisante pour reconnaître les personnages.[8] Parfois, il reste plus dans le vague : « On en reparlera plus tard ! Fit le jeune chimiste du coin des lèvres, comme un détenu dans un film qui se passe en prison. »[9]

Car le chimiste en question pose des problèmes : « Ralph pensa à tous ces psychopathes charmants qu'il avait vus au cinéma – George Sanders était particulièrement bon dans ce genre de rôle – et se demanda si un brillant chimiste ne serait pas capable de donner le change à un petit détective de province, lequel paraissait ne pas avoir entièrement digéré le syndrome de la Fièvre du samedi soir. »[10] Et lorsque la question se pose de savoir ce qu'il va faire : « Que croyez-vous qu'il va chercher à faire ? Demanda Ralph. Agression à main armée, comme dans un film de Chuck Norris ? »[11] Voilà pour le méchant.

---

[8] Page 83.
[9] Page 88.
[10] Page 89.
[11] Page 190.

Quant au héros : « *Tu m'as impressionné, au-jourd'hui, quand tu as remonté la rue, bien droit, comme Gary Cooper dans Le Train siffle-ra trois fois.* »[12]

Quand, comment, et qui est passé d'une manière subtile du roman gothique au roman fantastique contemporain (qu'il soit du genre fantasy ou non), et, d'une manière générale, à la terreur moderne ? Il est évidemment difficile de répondre de manière exhaustive à cette question cruciale. Mais, je voudrais tenter au moins de l'illustrer par un exemple.

E.T.A. Hoffmann avait été fasciné par le roman de Lewis *Le Moine* (1797). Il s'en inspira pour écrire son *Les Élixirs du diable* (1816) et ne s'en cacha pas, car une héroïne de son livre, la tendre Aurélie, tombe par hasard sur ce livre, *Le Moine*, et le lit... Et voici la critique qu'elle en fait : « *Il me semblait que ce livre renfermait la clé de mon destin. Je le pris avec moi, je me mis à le lire, me laissant emporter par cette merveilleuse histoire ; mais quand, après son premier forfait l'horrible moine se livre à des sacrilèges de plus en plus infâmes et qu'enfin, il conclut un pacte avec le Malin, je fus saisie d'une indicible terreur.* »

Hoffmann indique donc clairement au lecteur des *Élixirs du diable* la source de son inspiration.

Mais, si ces deux romans mettent en scène un moine, il y a dans celui d'Hoffmann une fantasmagorie, une quête d'identité que l'on ne trouve pas chez Lewis. Cette quête, cette épopée d'un homme et de son double, cette lutte à mort avec le Mal suprême : la folie, entraîne l'imaginaire vers les contrées de la terreur. Comme le souligne Alain Faure dans son article de la revue Europe sur ces deux romans : *« L'univers en noir et blanc de Lewis devient avec Hoffmann une fantasmagorie chatoyante, une plongée dans l'inconscient et une étude de la folie. Les "Élixirs du diable" c'est le roman noir enrichi de tous les sortilèges du romantisme allemand. » Entre les classiques allemands et les romantiques se situe Achim von Arnim, qui voulait n'être classé nulle part et qui dédicaça son œuvre majeure aux frères Grimm. Dans sa préface à "Isabelle d'Égypte,"* (1812) il affirmait que la distinction entre « chrétiens » et « païens », « hellénisme » et « romantisme » était pernicieuse. Voilà un homme qui voulut se dégager des contraintes de son époque, sans y parvenir vraiment dans sa vie, mais réussissant partiellement dans son œuvre à faire franchir le pas au roman, du Gothique à la *Fantasy*, grâce à son roman *Isabelle d'Égypte*, histoire d'une quête vers le bonheur avec le Golem et la Mandragore, outils d'accession au pouvoir et à la richesse. Sans trop pouvoir m'étendre sur cette œuvre et cet écrivain, je me contenterais de rappeler la ressemblance de l'épisode dans lequel Charles-Quint passe une nuit dans le château

hanté par Isabelle (enfin, elle fait semblant...), avec le conte des frères Grimm *De
celui qui partit en quête de la peur* (1812—
1815) et avec le court roman arthurien *L'âtre
périlleux»* (anonyme du milieu du treizième
siècle).

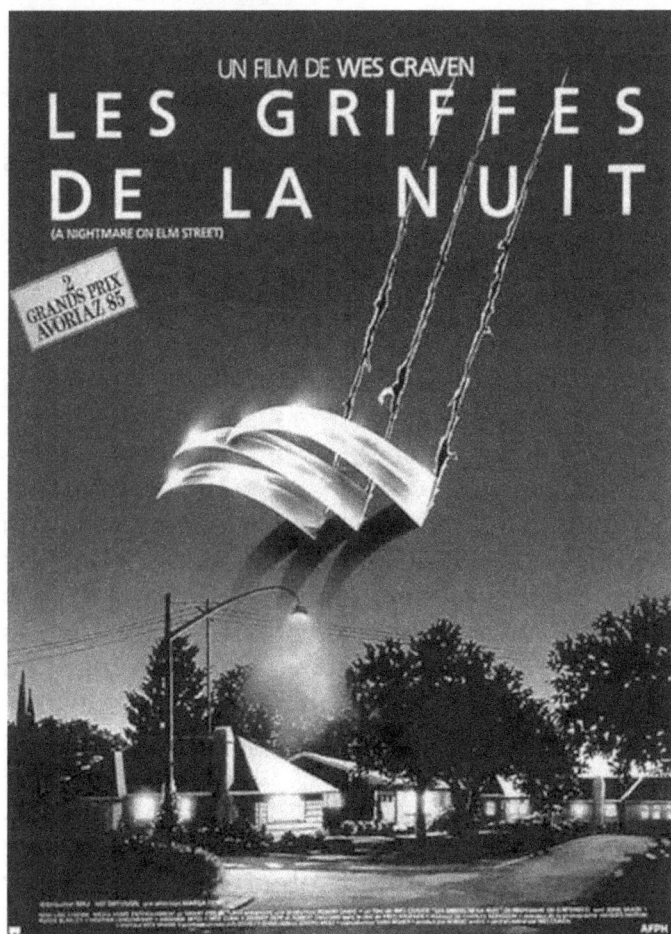

Les origines

Rendez-vous avec la peur

Lorsque paraît *Rendez-vous avec la peur*, le réalisateur français Jacques Tourneur a déjà réalisé deux chefs-d'œuvre de cinéma fantastique : *La Féline* (1942), *Vaudou* (1943). Le titre anglais de *Rendez-vous avec la peur* est *Curse of the demon* ; il est tiré d'une nouvelle de Montague Rhodes James : *Sorti-*

lège (1905). C'est un film particulier dans l'histoire du cinéma fantastique, car il n'est pas tiré d'une de ces machines littéraires de fiction comme *Dracula* ou *Frankenstein*. Jacques Tourneur est le spécialiste de la terreur issue du hors-champ. Il suggère ce qui se passe en dehors de l'image en jouant magnifiquement avec l'imagination du spectateur. Il a également parfaitement fait fonctionner son art dans *Rendez-vous avec la peur*. Si l'on voit le monstre (le démon) dans le film, c'est parce que la production l'a ajouté, contre la volonté du cinéaste. Ce qui affaiblit considérablement son propos...

Rendez-vous avec la peur.

Prologue commençant avant le générique et se poursuivant pendant, dit par une voix off alors que l'image montre un champ de monolithes, dolmens et menhirs :

« Depuis l'aube des temps, il est écrit, et ces vieilles pierres (plan rapproché en contre-plongée sur un menhir) en témoignent, qu'il est des êtres mauvais vivant dans l'ombre surnaturelle. » Autre plan en contre-plongée sur deux dolmens.

« La tradition dit : l'homme utilisant le pouvoir des caractères runiques peut évoquer les noires puissances... » Autre plan : vue de l'intérieur du champ de dolmens.

«... que sont les démons de l'enfer. » Vue générale du champ de monolithes.

« À travers les âges, l'homme a craint et vénéré ces créatures. Il a pratiqué la sorcellerie.

Le culte du diable existe encore de nos jours. »

Une voiture fonce dans la nuit. Ses phares éclairent la route de la forêt et les branches des arbres... Le conducteur affiche un air très préoccupé. La voiture arrive devant un portail monumental ouvert. Elle s'arrête et le conducteur regarde aux alentours, inquiet. Puis, il redémarre, entre dans la propriété et s'arrête devant une grande maison. Il frappe, on lui ouvre : « Je dois parler au docteur Karswell » dit-il. Mais le domestique prétend qu'il n'est pas là. Or, l'image a montré deux personnes, un homme et une vieille dame assis à une table dans une grande salle. Karswell s'approche, accompagné de sa mère. Le visiteur lui demande d'arrêter ses opérations et il avouera qu'il avait raison.

« Comment arrêter un torrent ? » Répond-il. Le nouveau venu déclare qu'il a laissé brûler un parchemin runique. Karswell a l'air satisfait... Il raccompagne le nouveau venu en lui disant qu'il ferait ce qu'il pourrait. La voiture retraverse le bois. À son arrivée, après qu'il a rangé l'auto dans son garage, le personnage, inquiet, voit au loin une forme fumeuse se constituer. Il remonte dans sa voiture, affolé et recule trop précipitamment en enfonçant un pylône électrique. Les fils tombent à terre. Il sort de sa voiture et tombe sur les fils. Gros plan sur le démon : un monstre ailé aux lourdes mâchoires pleines de dents pointues. Le monstre le déchiquette.

Retour à la maison de Karswell qui jette un journal dans la cheminée. Avant qu'il brûle, on peut lire le titre de l'article de la une : « Le culte satanique de Karswell sera dénoncé au congrès scientifique. »

Dans la cabine des passagers d'un avion, un homme (on comprend que c'est un psychologue qui se rend au congrès grâce au journal qu'il s'est mis sur le visage pour dormir à l'abri de la lumière, journal qui affiche sa photo). Derrière lui une jeune femme travaille. La lumière qui l'éclaire empêche l'homme de dormir...

À l'aéroport, le psychologue, le docteur Holden, est accueilli par Williamson, l'assistant du professeur Harrington. Les journalistes questionnent le docteur Holden sur les revenants... Dans une cabine téléphonique, la jeune fille de l'avion téléphone au... professeur Harrington, qui est absent... Holden apprend la mort d'Harrington par Williamson.

À l'hôtel, un homme, Mark O' Brien, regarde des gravures représentant des démons. Ces dessins ressemblent au monstre qui a tué le professeur Harrington. Mark O' Brien enquête sur Karswell et son culte et explique les difficultés de l'enquête. Ces gravures ont été dessinées par le meurtrier d'un témoin, un dénommé Hobart, auteur des dessins. Un Indien, le docteur Kumar, arrivé entre temps, déclare qu'il croit aux démons. Holden reçoit un coup de fil de Karswell qui lui demande d'abandonner son projet de faire un exposé sur ses activités.

Au British Museum. Vue plongeante sur la salle de lecture, puis Holden apprend que le livre « La vérité sur les démons », vieux de quatre cents ans a disparu. Karswell survient alors et lui propose d'en consulter un exemplaire ! Chez lui. Il l'invite en lui tendant sa carte et fait tomber les papiers d'Holden par maladresse. Il les ramasse et les lui rend. Il s'en va. Sa carte contient une menace inscrite : « Quatre jours de sursis ». Le bibliothécaire revient et Holden lui demande s'il a vu Karswell. Il répond que non et ne voit rien d'inscrit sur la carte que lui présente Holden ! Effectivement, quand Holden reprend le carton, il n'y a plus d'inscription ! Il va faire analyser la carte dans un laboratoire, espérant que l'encre sympathique a laissé des traces chimiques... Puis, il se rend chez Harrington pour ses obsèques et y rencontre la jeune femme de l'avion. Elle s'appelle Joanna. Elle est la nièce d'Harrington. Elle veut parler à Holden et celui-ci lui propose de venir le voir à son hôtel.

Elle a trouvé le journal intime de son oncle. Il parle d'un parchemin runique qui a sauté de lui-même dans le feu. On lui a jeté un sort. Holden est sceptique ! Il traite la jeune femme avec condescendance. Elle, elle veut savoir la vérité. Le laboratoire téléphone à Holden qu'il n'y a aucune trace de produit chimique sur la carte de Karswell.

Ils décident de se rendre tous le deux chez ce dernier. Dans le parc, Karswell déguisé en clown fait des tours de magie à un public d'enfants. Chaque veille de Toussaint, il invite les enfants à une fête. Il dit aux visiteurs que c'était son ancien métier et il s'appelait « Bobo le magnifique ». Dans le parc, alors qu'Holden et Karswell parlent du livre « La vérité sur les démons », surgit une tête de mort au détour d'un tronc d'arbre : c'est un enfant maquillé ! Karswell essaie de convaincre Holden de la réalité de la magie blanche et noire. Pour le lui prouver, il déclenche une très violente tempête rien qu'en se concentrant un peu... Un éclair tombe sur un arbre proche et en fait tomber une branche. Tout le monde se réfugie à l'intérieur où Karswell prédit à Holden son décès pour le 28 à dix heures. Il lui reste trois jours à vivre ! Holden reste sceptique. Karswell : « Dommage que vous soyez si sceptique. Votre mental se désintégrera lentement. L'incertitude fera place à la crainte de la « chose » derrière vous ! La « chose » vous suit docteur Holden depuis le British Museum. » Holden reste sceptique. Ils rejoignent Joanna et la mère de Karswell qui regardent le livre des démons et Karswell renvoie ses visiteurs. Puis, il explique à sa mère : « On n'a rien sans rien ». Tout ce qu'il possède, ce sont ses disciples qui « paient, poussés par la peur ». Il affirme que la voie dans laquelle il est engagé est irréversible.

Holden rentre à l'hôtel. Arrivé dans son couloir, il s'arrête... et se retourne. Se sent-il suivi ? Magnifique plan sur le couloir inquiétant à la Caligari. Kumar et O'Brien le surprennent en ouvrant une porte à côté de lui. O'Brien annonce que les autorités font des difficultés pour l'expérience projetée sur le témoin Hobart. Holden dit de laisser tomber ! Il parle de Karswell comme d'un « charlatan inoffensif ». (!) Ils vont boire un verre. Holden évoque un air qui lui trotte dans la tête et le chantonne. O'Brien reconnaît une chanson irlandaise qui parle du diable et Kumar une mélodie d'envoûtement utilisée en Inde... Dans l'agenda d'Holden, les pages sont arrachées après le 28...

Soir de tempête : Joanna et Holden dînent aux chandelles. Lui a chaud, elle, froid ! Joanna demande à Holden s'il connaît le Lai du Vieux Marin... elle en a trouvé un exemplaire dans lequel son oncle a souligné un passage : « Comme celui qui sur la route solitaire, marche plein de frayeur, parce qu'il sait le démon derrière lui. » En outre, elle a trouvé les pages du calendrier de son oncle arrachées après le 22 octobre. Or, il a été assassiné le 22 ! Son oncle n'est pas mort électrocuté, mais horriblement mutilé. La police a parlé d'une BÊTE ! Holden est toujours sceptique et a réponse à tout. Néanmoins, il se rappelle que Karswell avait ramassé ses papiers au British Museum. Il va les chercher dans son sac et trouve, parmi eux, le parchemin. Joanna : « Il vous a passé le parchemin ! » Ce dernier s'envole vers la cheminée dans laquelle un feu est allumé. Il est arrêté par la grille pare-feu et se tortille pour atteindre le feu. Joanna crie : « Il essaie de sauter dans le feu ! » Mais

Holden est sceptique : « C'est le tirage de la cheminée ! » Affirme-t-il sans s'occuper du parchemin. Le suspense est très dense grâce au montage serré de plans montrant le parchemin se tortillant sur la grille et les deux personnages : Joanna très inquiète (mais pourquoi ne fait-elle rien ?) et Holden (faussement ?) impassible qui allume une bougie après avoir fermé la fenêtre. Finalement, le parchemin tombe au sol. « Qu'est-ce qui l'a retenu ? » Demande Joanna. « Je ne sais pas ! » Répond Holden en le ramassant et le rangeant dans son portefeuille.

Il se rend à la ferme d'Hobart. Mal accueilli, il finit par être introduit dans la salle commune où toute la famille se réunit face à lui, huit personnes avec les deux parents. Holden demande l'autorisation d'examiner son fils par hypnose pour savoir ce qu'il a vu au moment du meurtre. Il apprend alors que la victime était le frère de l'assassin. La mère signe l'autorisation. Au moment de partir, debout devant la porte, il ouvre son portefeuille pour ranger le papier. Le manuscrit runique s'envole. Il le rattrape au vol. Toutes les personnes assises se lèvent et la vieille femme le montre du doigt : « Il a été choisi ! » Lorsque la porte se referme, on y voit des signes étranges inscrits à la craie. Le plan suivant montre la portière de la voiture entrouverte. Panoramique sur le champ de monolithes. Holden s'y promène ; ils sont énormes. Il compare l'inscription runique du manuscrit

avec la même gravée sur la roche d'un mono-
lithe.

La nuit. Gros plan en plongée sur un chat debout sur une corniche d'un bâtiment. Dessous,
la rue. Une voiture entre dans le champ par la
droite. C'est un taxi qui vient déposer Holden.
Joanna l'attend dans sa décapotable garée
dans la rue. Elle lui apprend que madame
Karswell veut le voir. C'est pour une séance de
spiritisme à laquelle ils assistent. Mais Holden
est toujours sceptique et s'en va en colère !
(C'est dommage, cette mise en scène était
certainement préparée pour lui donner d'im-
portantes informations). Dans la voiture de
Joanna, en roulant, ils décident d'aller voler le
livre des démons chez Karswell.

Finalement, Holden y va tout seul Il emprunte
le bois pour entrer en secret dans le bâtiment.
Après escalade du mur, pénétration par le
grenier, Holden descend lentement un magnifique escalier. Il est filmé de dos, en contre-
plongée. Au premier plan, une main entre
dans le champ et se pose sur la rampe. Puis, il
passe devant une table sur laquelle il voit un
chat. Il détourne le regard un instant, et
quand il regarde de nouveau, il n'y est plus.
Entré dans la bibliothèque, il commence à lire
un livre de notes de Karswell qui donne la clé
du livre des démons. Soudain, les portes se
ferment toutes seules et le chat, de nouveau
présent, se transforme en léopard ! Combat
entre l'homme et la bête, Holden saisit un ti-

sonnier qu'il lâche aussitôt. La lumière s'allume et Karswell entre dans la pièce :

— Pourquoi avoir lâché le tisonnier ?

— Il est brûlant !

— Pas du tout, répond Karswell en tenant le tisonnier à deux mains, mais vous êtes tout pâle.

Le léopard ? « Un démon mineur, simple gardien... » D'ailleurs, il est redevenu un chat. Holden repart à travers le bois malgré l'avertissement de Karswell. Il marche dans le bois inquiétant et des traces fumantes s'inscrivent dans le sol derrière lui. Une boule de fumée se forme dans le ciel et poursuit Holden qui finit par fuir, effrayé. À la sortie du bois, l'entité fumeuse arrête de le poursuivre. Le couple va faire une déposition à la police qui ne croit pas un mot de ce qu'ils disent... Très beau plan : la caméra filme une fenêtre en gros plan à partir de l'extérieur. À l'intérieur, assis tout contre le mur, accoudés à l'ouverture de la fenêtre dont un battant est ouvert ; l'homme et la femme se font face, alors qu'en arrière-plan, on voit la salle de police avec un homme en civil qui travaille à un bureau et, un moment, un policier en tenue entre. Le cadrage de l'ouverture et la prise de vue de l'extérieur tendent à isoler le couple du monde réel qui les entoure, mais les place dans le décor d'un poste de police. Holden explique à Joanna comment il a toujours lutté contre les superstitions. Finalement, il comprend l'inutilité de sa démarche à la police, se lève et sort de la pièce (on le voit se lever au travers de la fenêtre et se diriger vers la porte au fond de la salle).

Une ambulance amène Hobart. Holden est plus sceptique que jamais. Il croit fermement que tout cela est une mise en scène de Karswell. (Le spectateur ne le croit pas, car il a vu le démon, c'est dommage, car si cela n'avait pas été le cas, il douterait encore, et qu'y a-t-il de plus fantastique que le doute ?) Madame Karswell essaie de le joindre par téléphone, mais il refuse de la prendre. Elle appelle Joanna et lui dit qu'Hobart connaît le secret du parchemin. Pendant qu'elle téléphone, Karswell descend les escaliers derrière elle... elle raccroche.

Joanna sort et s'installe dans sa décapotable. Un homme vu de dos (une ombre en gros plan qui occupe une grande partie de l'écran) entre dans le champ et enlève la clé de contact. Les yeux exorbités de Joanna se voient au-dessus de l'ombre de son bras.

On amène Hobart au congrès. Rand Hobart, en catalepsie depuis les évènements terribles qu'il a vécus, subit une injection de pentothal et, ensuite, de méthylamphétamine. Cela lui rend sa lucidité et il se met à hurler et tente de fuir. On le rattrape et Holden l'hypnotise. Il dit qu'il était un adepte de la Vraie Foi. Hobart dit que la mort survient lorsque l'on reçoit le parchemin runique sans le savoir. Pour être sauvé, il faut le rendre. C'est ce qu'Hobart avait fait avec sa victime. Holden lui montre son parchemin et Hobart devient complètement hystérique, échappe à ses gardiens et se jette par la fenêtre... Du coup, Holden est moins sceptique : il a quelque chose à rendre à Karswell. Kumar arrive alors et annonce que madame Karswell a téléphoné pour avertir que Karswell prendra le train pour Southampton à 9 H 45 ! « Savez-vous pourquoi ? » Interroge-t-il. Holden fonce à la gare, prend un billet et saute dans le train alors qu'il démarre. Il est suivi par un policier. Dans un compartiment, Karswell est installé face à Joanna hypnotisée. Karswell la réveille.

Le suspens est très intense, car, lors de toute la scène qui suit, le spectateur sait qu'Holden tente de rendre le parchemin runique à Karswell qui le sait et qui doit éviter de le recevoir. Surtout qu'il est dix heures moins six, et la mort d'Holden doit intervenir à dix heures ! Holden dit à Joanna qu'il regrette amèrement de ne pas lui avoir fait confiance. Il remercie Karswell de lui avoir fait connaître ce monde qu'il ne soupçonnait pas. Il offre des cigarettes à Karswell qui a d'abord le réflexe d'en prendre une, puis refuse poliment. Holden demande du feu. Karswell lui tend une boîte d'allumettes. Quand, il la rend, le sataniste la laisse tomber au sol. C'est à qui sera le meilleur prestidigitateur. Alors que le train ralentit, Karswell se lève pour descendre. Mais Holden l'oblige à rester quand la porte du compartiment s'ouvre sur deux policiers en civil. L'un d'eux déclare qu'Holden souffre du délire de la persécution. Après quelques discussions sur l'intérêt de quitter le train alors qu'on a son billet pour Southampton (« J'ai le droit de descendre quand je veux ! ») Karswell prend sa valise et Holden lui passe chapeau et manteau. Il les prend (il est alors dans le couloir) et, immédiatement, marque un temps d'arrêt et comprend. En cherchant dans sa poche, il dit, effrayé : « Vous me les avez passés... » Il sort le parchemin qui s'envole immédiatement. (Je n'ai pas regardé l'heure à ce moment, mais il me semble que les six minutes sont déjà passées...) Karswell part à sa poursuite, dans le couloir du train, sur les quais et sur les voies. Au moment où il va l'attraper, coincé contre un rail, il s'enflamme spontanément. Au loin, le nuage de fumée prend la forme du démon monstrueux qui s'approche. Un train défile alors au premier plan, cachant Karswell, mais, le démon est bien plus grand et on le voit déchiqueter le (pauvre ?) Karswell.

Holden s'approche ; Joanna le retient : « Il vaut mieux ne pas savoir ! » Néanmoins, il y va. Un policier lui dit :

— Le train l'a traîné avec lui.

— N'était-il pas de l'autre côté ?

— Mais regardez-le donc Simmons ! Le train l'a sûrement touché !

Holden revient vers Joanna sur le quai : « Vous avez raison, mieux vaut ne pas savoir.»

Un train passe au premier plan, cachant le quai sur lequel se trouvent nos deux héros. Quand il est passé, ils n'y sont déjà plus...

Fin

Rendez-vous avec la peur (1957). (*Curse of the demon* en Grande Bretagne, *Night of the demon* aux États-Unis). Un film de Jacques Tourneur. Prod. Hale Chester. Sc. de Charles Bennett et Hal E. Chester, d'après la nouvelle de Montague Rhode James *Casting the runes* (*Sortilège* –1905). Mus. Clifton Parker, cond. par Muir Mathieson. Dir. Ph. Ted Scaife B. S. C. Prod. Dél. Ken Adam. Prod. Ex. R. L. M. Davidson. Mont. Michael Gordon. Ass. Réal. Basil Keys. Ing. son : Arthur Bradsum. Arr. son. Charles Crafford. Script girl : Pamela Gayler. Cost. Betty Lee. Déc. Peter Glazier. Eff. Sp. George Blackwell, Wallt Veevers. Eff. Ph. S. D. ONIONS B. S. C. Cast. Robert Lennard. Avec Dana Andrews (John Holden), Peggy Cummins (Joanna Harrington), Nial Mc Ginnis (Dr Karswell), Maurice Denham (Pr Harrington), Athene Seyler (Mme Karswell), Liam Redmond (Mark O'Brien), Reginald Beckwith (Mr Meek), Evan Roberts (Lloyd Williamson), Peter Elliot (Kumar), Rosamund Greenwood (Mme Meek), Brian Wilde (Rand Hobart) et Richard Luch, Lloyd Lamble, Peter Hobbes, Charles Lloyd Pack, John Salew, Janet Barrow, Percy Herbert, Lynn Tracy. Film noir et blanc.

Le Masque du démon (1960)

Le Masque du démon est le premier film de Mario Bava. Il dispose de moyens importants pour le réaliser et y exprime tous les thèmes qui lui sont chers. Le film est une histoire de vampires, mais d'une catégorie à part, sans crocs proéminents, sans volonté de conquête et de pouvoir, une histoire d'inceste comme le cinéaste le rappelle dans la dernière interview qu'il a donnée au journal Libération le 7 mai 1980.

Mario Bava a laissé un fils spirituel, Dario Argento, dont les films *Suspiria* et *Inferno* sont traités plus loin. Dans un de ses Gialli, Dario Argento rend un hommage appuyé au thème le plus cher de Bava : le regard. Le titre du film est déjà cet hommage : *Quatre mouches de velours gris*, puisque ces insectes constituent l'image imprimée sur la rétine d'une victime assassinée dont on a extrait l'œil pour essayer de découvrir le coupable. L'œil, tel est l'image obsessionnelle de ce film *Le Masque du démon*. L'œil, cet organe qui sert à regarder, est à comparer, bien sûr, avec la caméra qui est un autre œil du spectateur, avec la différence essentielle que ce n'est pas lui qui le dirige, mais le cinéaste. Il est particulièrement curieux de constater qu'un autre film consacré à cet organe et à son double, la caméra, date de la même année que *Le Masque du démon*, il s'agit du film de Michael Powell, *Le Voyeur* (1960), dans lequel le tueur mêle dans son action de tuer, trois regards, celui de la victime se regardant mourir d'une mort atroce, celui du tueur, et celui de la caméra avec laquelle il filme la victime. Le spectateur peut rajouter deux autres regards : le sien et celui de la caméra qui filme tout cela, c'est-à-dire celui du cinéaste.

Le Masque du démon (1960)
(La mascheria del demonio)

Prologue qui se poursuit jusqu'à la fin du générique :

Le grand Inquisiteur de Moldavie condamne deux vampires : une femme, Asa Vajda et un homme, Igor Iavutich. La lettre « S » (comme Satan) est gravée au fer rouge sur la peau de la vampire. La jeune fille maudit l'Inquisiteur qui n'est autre que son frère, et toute la lignée des Vajda. Le visage de la jeune fille est recouvert du Masque du démon (un masque métallique avec des pointes à l'intérieur) et un bourreau l'enfonce violemment d'un coup de massue. (La violence de cette scène a gêné la censure en son temps...) On tente de brûler son corps sur un bûcher, mais une pluie violente éteint le feu. Le corps du vampire Igor est enterré et celui d'Asa inhumé dans la crypte de ses ancêtres.

Le générique se termine.

Un professeur, le docteur Kruvajan, et son assistant, Andreï Gorobec, voyagent en diligence. Ils se rendent à Moscou pour assister à un congrès et sont en retard. Pour gagner du temps, Kruvajan paie le cocher afin qu'il aille au plus court à travers la forêt.

Ce dernier a peur de rencontrer la sorcière dans ce lieu maléfique.

La voiture perd une roue. Les deux voyageurs entrent dans une construction en ruines et descendent dans une crypte. Un mouvement de caméra suggère qu'une mission particulière attend ces voyageurs curieux. Ils trouvent le tombeau de la sorcière. Une vitre avec une croix laisse voir le Masque du démon qui recouvre le visage de la sorcière. Andreï sort. Le professeur reste seul. Il est attaqué par une chauve-souris et tire dessus avec son pistolet ; une pierre tombe sur la vitre de la tombe et la casse. Kruvajan, curieux, enlève le masque et se coupe à la vitre cassée : une goutte de sang tombe sur le visage de la sorcière. Ce dernier est resté intact, sauf ses yeux absents qui ne laissent que des orbites vides.

Dehors, Kruvajan et Gorobec rencontrent une belle jeune fille avec des chiens. Katia, la fille du prince Vajda qui ressemble étonnamment à Asa... Les deux hommes emmènent une icône de la crypte. La caméra retourne dans le tombeau pour un gros plan sur les orbites vides de la morte qui grouillent de vers.

Au château, Katia joue du piano, le prince Vajda médite, sombre devant le feu, en présence du jeune frère Costantino.

Deux tableaux au mur, dont l'un est celui d'Iavutich (ce qui semble indiquer qu'il faisait partie de la famille). Un tableau a changé : désormais, un dragon (un griffon) est mort. C'est la Saint George : il y a deux siècles que la malédiction est lancée. Le prince Vajda raconte comment, il y a un siècle, la princesse Macha, qui ressemblait également à la sorcière, a été tuée par elle. Dans l'alcool de son verre, il voit le Masque du démon !

La caméra retourne au tombeau : des yeux poussent à la sorcière.

Kruvajan et Gorobec sont à l'auberge. Une adolescente doit aller traire les vaches à l'étable près du cimetière (qui n'a pas eu peur, enfant, quand un parent a ordonné d'aller chercher quelque chose en pleine nuit à la cave ?). Elle a très peur d'y aller. Longue scène au cours de laquelle la fille effrayée rejoint l'étable dans la nuit. Kruvajan se promène en fumant sa pipe et lance un caillou dans l'eau. L'eau fait des ronds dans lesquels s'incruste le visage de la sorcière qui parle : « Iavutich : lève-toi ! lève-toi ! »

Retour à l'étable. Des coups de tonnerre éclatent.

De l'intérieur de l'étable, la caméra filme le vieux cimetière au travers du cadre que forme la fenêtre.

La terre d'une tombe remue, une main émerge, une autre et le Masque du démon apparaît. L'homme fait quelques pas et arrache son masque.

Au château, le prince se réveille, un courant d'air secoue tout dans la grande pièce... et la porte de sa chambre s'ouvre sur Iavutich, un dragon en forme de S brodé sur sa poitrine (il y a le même au fond de la cheminée). Il s'approche menaçant, mais le prince le repousse en lui montrant une croix.

Le sorcier se rend à l'auberge chercher le docteur Kruvajan en lui faisant croire que le prince avait besoin de lui. Il l'emmène en carrosse au château où ils empruntent le passage secret qui mène à la crypte. Ce passage se trouve au fond de la cheminée derrière le dragon en forme de « S ». Kruvajan est laissé seul. Asa est toujours dans son tombeau, mais, cette fois, elle a retrouvé ses yeux. Le docteur, effrayé, tente de fuir. Le tombeau se disloque et la vampire s'exclame : « Je t'attendais ! » elle l'hypnotise (toujours le pouvoir des yeux...) et le vampirise par un baiser. Elle a besoin de tout son sang pour vivre...

Le professeur Kruvajan apparaît à la famille Vajda réunie au complet au château. Il hypnotise le prince bien qu'ayant peur du crucifix.

Dans la crypte, le vampire Iavutich explique à Asa qu'il faut tuer Katia. Au château, Katia restée seule avec le docteur vampirisé et son père le prince va se coucher...

Toutes les portes grincent...

Au petit jour, le prince est mort... Kruvajan, devenu vampire, a disparu. Les gens du village trouvent un cadavre au bord de la rivière. Andreï Gorobec se lève et ne voit plus le professeur Kruvajan. Il se rend au château pour aller aux nouvelles. Le cadavre découvert au bord de la rivière s'avère être celui de Boris, le cocher du château.

Au château, Katia s'évanouit et Andreï la porte sur son lit et la soigne. Il dégrafe son corsage...

L'adolescente qui s'était rendue à l'étable a vu la voiture, non pas conduite par Boris, mais par le vampire Iavutich, exécuté il y a deux siècles.

Andreï qui est également docteur constate, en examinant les corps, qu'ils ont été saignés à blanc. Au pope présent, il explique l'affaire du tableau.

À minuit, le passage secret au griffon (le dragon au fond de la cheminée) s'ouvre pour laisser passer le professeur Kruvajan et le vampire Iavutich. Ce dernier ordonne : « Va ! »

Chambre de Katia : elle se déshabille et, derrière elle, les rideaux bougent.

Chambre d'Andreï : l'icône tombe au sol.

Chambre de Katia : elle enlève la croix qu'elle portait et une main sort de derrière les rideaux ; elle crie et appelle les jeunes hommes au secours. Andreï va alors chercher un calmant et rencontre Kruvajan à qui il montre l'icône qui le fait fuir. Les chiens ont été saignés. Le pope essaie de comprendre ce que signifie l'icône. Scène romantique entre Katia et Andreï devant une fontaine.

Un cierge enflamme un rideau. Un domestique tente d'éteindre ce début d'incendie et crève le portrait d'Iavutich : il y a un passage secret derrière ! Costantino (le frère de Katia) actionne un levier qui fait s'ouvrir le passage derrière la cheminée. Andreï et lui l'empruntent et la porte se referme derrière eux laissant seul le domestique qui se fait étrangler avec une cordelette. Andreï et Costantino arrivent dans la crypte et voient Asa, la vampire. Costantino rebrousse chemin, mais se heurte à la porte fermée du passage de la cheminée. Iavutich apparaît et Costantino disparaît dans une oubliette.

Andreï et le pope vont au cimetière et trouvent la terre de la tombe d'Iavutich retournée et le Masque du démon.

Dans le cercueil se trouve le corps de Kruvajan. Le pope pose la croix sur son front qui brûle. Le religieux a compris l'icône : pour sauver l'âme du vampire, il faut lui traverser le crâne par l'œil gauche. Katia erre dans le château et appelle : « Ivan ! (le domestique) Costantino ! » Elle trouve Ivan pendu et crie : « Au secours ! Au secours ! » Elle pleure sur le corps de son père dans son cercueil. Le prince ouvre les yeux et lui dit qu'il n'est plus son père. Elle s'évanouit. Le prince essaie de la mordre au cou, mais Iavutich l'en empêche et le jette dans la cheminée où son corps brûle. Le vampire emmène Katia vers Asa la vampire... Andreï, revenu, trouve le cercueil du prince vide. Asa prend le bras de Katia. Iavutich empêche Andreï de passer ; ils se battent au bord de l'oubliette. Les plans alternent entre le combat des deux hommes et la scène entre Katia et Asa. Celle-ci tente de mordre son sosie, mais elle porte une croix. Andreï est vainqueur et on retrouve Costantino.

Andreï accourt et retrouve Katia. Mais, non ! c'est Asa ! Il va crever l'œil gauche de Katia ! mais il voit la croix... et comprend sa méprise.

Il la pose sur le front de la jeune fille et rien ne se produit.

En écartant la cape d'Asa, il voit que son corps n'est qu'un squelette. Asa essaie de l'hypnotiser. Le pope arrive avec la population en colère et brûlent la sorcière. Quand elle meurt, Katia revit... Dernier plan sur le bûcher.

Asa revit-elle dans le corps de Katia ?

Fin.

Le Masque du démon (1960) (La Mascheria del demonio). Réal. Mario Bava. Ass. Réal. Vana Caruso. Sujet de Ennio De Concini et Marcello Coscia d'après la nouvelle de Nicolas Gogol : *Vij*. Sc. Ennio De Concini, Mario Serandrei, Mario Bava et Marcello Coscia. Dir. Ph. Mario Bava. Op. Ubaldo Terzano. Script Girl : Bona Magrini. Mont. Mario Serandrei. Dir art. Giorgio Giovannini et Mario Bava. Cost. Tina Loriedo Grani. Mus. Roberto Nicolosi. Prod. Galatea et Jolly Film. Prod. Dél. Massimo De Rita pour Galatea.Premier ass. Prod. Paolo Mercuri, second ass. Prod. Amando Govoni. Filmé aux studios Titanus.

Avec Barbara Steele (Asa et Katia), John Richardson (Andreï Gorobec), Andrea Checchi (le docteur Kruvajan), Ivo Garrani (prince Vajda), Arturo Dominici (Iavutich), Enrico Olivieri (Costantino Vajda) et Antonio Pierferderici, Tino Bianchi, Clara Bindi, Mario Passante, Germania Dominici, Renato Terra. Film noir et blanc.

HELLRAISER
LE PACTE

NEW WORLD PICTURES en association avec CINEMARQUE ENTERTAINMENT B.V. présente une production FILM FUTURES
un film de CLIVE BARKER LE PACTE (HELLRAISER) avec ANDREW ROBINSON · CLARE HIGGINS · ASHLEY LAURENCE
musique CHRISTOPHER YOUNG écrit et réalisé par CLIVE BARKER
Producteurs exécutifs DAVID SAUNDERS · CHRISTOPHER WEBSTER · MARK ARMSTRONG produit par CHRISTOPHER FIGG

Les Films

Clive Barker au cinéma

L'enfer, Clive Barker connaît bien. Il l'a mis en film de manière superbe avec son film **Hellraiser** et toute la série de films qui a suivi, films dont il est le producteur exécutif.

Tout le monde[13] connaît **Clive Barker**. Cet auteur anglais s'est fait connaître par sa série « Les Livres de sang » (1984), dont plusieurs histoires ont été adaptées au cinéma...

Il a poursuivi son œuvre littéraire originale et authentique avec d'autres histoires d'horreur et aussi de somptueuses œuvres de fantasy.

Son premier film fut **Hellraiser Le Pacte**.

Voici ce que j'en ai écrit dans mon livre *Cinéma fantastique et de SF – Essais et données pour une histoire du cinéma fantastique 1895-2015* :

Hellraiser de Clive Barker (1987), très puritain, Clive Barker impose d'atroces punitions aux pécheurs. Seuls les vrais puritains savent être aussi pervers. Boucherie sado-maso et scénario copié sur Stoker et Masterton.

---

[13] Pas si sûr...

Il faut du sang pour reconstituer le corps de Frank, jadis dépecé par les Cénobites (quel drôle de nom, pourquoi pas...)

Julia attirera beaucoup de victimes dans le grenier.

Il faudra la peau du frère de Frank pour redonner à ce dernier apparence humaine.

Mais sa nièce Kirsty veille...

Elle le reconnaîtra sous la peau de son père, et grâce à la boîte-puzzle, elle renverra les Cénobites en enfer.

Entre temps, ces derniers auront infligé une nouvelle torture immonde à Frank-Larry qui déclare, la peau tendue, prête à l'écorchement : *« Jésus a pleuré, lui... »* et il se lèche les lèvres de plaisir.

Malgré tout, cette histoire de cube maudit qui, si vous en trouvez la bonne combinaison vous mène droit en enfer, a inspiré ensuite de nombreuses variations qui sont toutes intéressantes :

La série des *Hellraiser* :

Le Pacte – Hellraiser de Clive Barker (1987) **Hellraiser II, les écorchés** (Tony Randel) 1988 – **Hellraiser III, enfer sur la terre** (Anthony Hickox) 1993 – **Hellraiser IV, bloodline** (Alan Smithee, c'est le pseudonyme « officiel » d'Hollywood pour les réalisateurs qui ne veulent pas afficher leur nom au générique, en réalité, le réalisateur est Kevin Yagher) 1996 – **Hellraiser inferno** de Scott Derrickson (2000)

Ces films, contrairement aux apparences, sont très puritains : les **Cénobites** tels les grands inquisiteurs, infligent d'atroces souffrances aux pécheurs...

Il y a également des films sortie vidéo : **Hellraiser : Seeker** de Rick Bota (2001), **Hellraiser : Deader** de Rick Bota (2003), **Hellraiser : Hellworld** de Rick Bota (2003) de Rick Bota et **Hellraiser Revelations** de Victor Garcia (2010)... à suivre peut-être ?

Cette terrifiante saga nous emmène du 17e siècle au futur d'une station spatiale, dans des enquêtes de détectives privés dépressifs, dans des maisons hantées et toujours l'horreur nous attend, car les protagonistes paient cher, dans chaque film, leurs ignobles péchés...

Alors qu'un remake de *Hellraiser* était en projet, Pascal Laugier a été sollicité, mais n'a pas donné suite. Voici ce qu'il en dit dans une interview publiée dans sfmag N° 78 réalisée par Marc Sessego à l'occasion de la sortie du film *The Secret* du réalisateur :

« (...) un metteur en scène c'est comme un acteur, vous avez dix conférences call, vous avez dix réunions, voilà... j'ai donc essayé deux développements là-bas (*à Hollywood NDLR*), un pour « Hellraiser », un autre pour un film de « Paramount » et j'ai vite compris que nous n'avions pas du tout la même idée en tête concernant le film que l'on voulait développer et... je suis parti.

SFMAG : Je crois que « Bustillo » et « Maury » se sont aussi « cassé la figure » sur Hellraiser ?

PL : Oui, juste avant moi. Il y avait déjà, pour eux, le studio sur « Hellraiser » et un problème de droits. Je crois qu'ils voulaient faire un « slasher » avec « Pinhead » qui tue les adolescents en balançant des punch lines. Ce n'est pas du tout « Hellraiser ». Dans mon draft ils ont enlevé toutes les allusions à l'homosexualité, à la sexualité « SM » qui est le fondement même d'Hellraiser. Hellraiser parle de la sexualité « cuir » de Clive Barker, ça ne parle que de ça et si vous enlevez cela ce n'est plus « Hellraiser ». C'est juste un mauvais slasher pour adolescents, donc pour moi ils ne voulaient pas faire Hellraiser. J'ai même reçu un email du manager de Clive Barker me disant que Clive avait adoré mon traitement, mais que jamais Hollywood ne me laisserait faire ce film-là. (…) »

Intéressant…

Ce remake était annoncé avec Patrick Lussier comme réalisateur… Mais à l'heure où j'écris ces lignes, rien n'a encore été fait.

Avant une liste de films adaptés de l'œuvre de Clive Barker, voici les chroniques des huit films qui ont suivi le premier Hellraiser !

Hellraiser II : Hellbound de Tony Randel (1988)

Ce deuxième opus est la suite du premier.

Une vieille radio de la dernière guerre. Des uniformes de l'armée anglaise.

Un militaire assis en tailleur sur le sol tient entre ses mains... le cube terrifiant, celui qui ouvre la porte des enfers si on trouve la solution au puzzle. Il la trouve, le cube s'ouvre et des chaînes munies de crochets en sortent et torturent cruellement le soldat. Pinhead apparaît ! En voix off « La souffrance, cette délicieuse souffrance... » (Nous apprendrons dans le film suivant que ce soldat n'est autre que Pinhead quand il était humain...)

Kirsty, une jolie petite brune se réveille dans un hôpital psychiatrique. C'est un peu comme dans *Par-delà le mur du sommeil* de Lovecraft. Cette jeune femme est la nièce/fille de son oncle/père Frank (voir le premier épisode...)

La police découvre des cadavres momifiés dans une très vieille maison. Et un matelas avec une grande tache de sang où sont accrochées des chaînes avec des crochets...

Le docteur Channard, directeur de l'hôpital psychiatrique, retient en détention illégale des malades dans des cellules dans la cave de sa très grande maison. Il s'y fait livrer le matelas. Visiblement il sait de quoi il retourne...

Kyle, l'associé de Channard, chirurgien du cerveau, sympathise avec Kirsty. Dans la chambre d'à côté, Tiffany, une très jeune fille, assemble des éléments en bois qui forment un cube.

Kirsty fait des cauchemars : elle voit un homme écorché qui lui fait signe en montrant une inscription faite avec du sang sur le mur : « Je suis en enfer : aidez-moi ! »

Kirsty raconte à Channard ce qui s'est passé dans le film précédent : la boîte, un casse-tête que Frank a résolu. Le film nous montre des extraits du film.

Dans sa vaste maison-laboratoire, où se trouvent plusieurs cubes cénobites, Channard fait sortir un malade de sa cellule, le couche sur le matelas et lui donne un rasoir avec lequel il se taillade le corps, car il croit qu'il est recouvert d'asticots. Le sang coule et fait revivre la Julia du premier film. Elle « absorbe » les chairs du malade, se reconstitue, mais pas suffisamment, elle reste écorchée, et, dit-elle à Channard lors d'un « dégoûtant » baiser avec lui : « Il nous faut de la peau en quantité ! »

Les fous de l'asile fournissent de la matière première. Kirsty continue à chercher son père, qui avait fourni sa peau à son frère Frank dans le film précédent.

Le début est excellent... Ensuite, cela tire en longueur et certaines scènes frisent la médiocrité... En résumé, Julia va retrouver sa peau, Kirsty va retrouver son oncle, tout va finir très mal dans l'horreur avec l'arrivée des cénobites et de Pinhead à qui il va arriver aussi des horreurs... Cela n'en fait pas trop peut-être ? Finalement c'est Tiffany qui va sauver tout ça. Elle va montrer aux cénobites qu'ils furent humains autrefois. Mais la scène ultime annonce une suite !

Hellraiser III : L'enfer sur Terre d'Anthony Hickoks (1992)

Nous passons aux USA. Néanmoins, Clive Barker est toujours aux commandes, et l'histoire originale est de Peter Atkins, comme pour le précédent avec Tony Randel, qui était le réalisateur du précédent. Donc, contrairement à certaines affirmations surfaites, la continuité est assurée.

Un jeune homme, patron de cabaret, entre dans une salle d'exposition d'œuvres d'art et achète une sculpture terrifiante qui semble sortir tout droit de l'enfer cénobite. On appellera ce jeune homme par son prénom : JP.

Une journaliste, Joey, rate son reportage aux urgences où il ne se passe curieusement rien. Des plans resserrés montrent des bras qui déposent des instruments de chirurgie sur des serviettes immaculées. Soudain arrive une ambulance avec un type très gravement blessé qui traîne derrière lui des chaînes accrochées à son corps. Il saigne beaucoup. Joey est intrigué par cette arrivée et va mener l'enquête. Le blessé est accompagné d'une jeune fille brune appelée Perri.

Au cabaret, dans la chambre du patron, trône la sculpture. La jeune fille brune vient du cabaret. Elle sort de son sac un cube de cénobite. Elle se réfugie chez Joey et lui parle de la sculpture. Elles vont ensemble voir la galerie d'art où elle a été achetée et elle est fermée. Un passant leur dit que c'est fermé depuis très longtemps. Étrange.

Dans la chambre de JP qui vient de se faire sa blonde quotidienne, la sculpture se réveille, écorche vive la belle blonde en lui lançant des chaînes avec crochets et l'engloutit. Le visage de la fille s'ajoute aux autres visages qui composent la sculpture. JP devient l'esclave de la sculpture vivante. Le visage de Pinhead plein d'aiguilles est apparu sur la sculpture et il parle.

Joey fait un rêve récurrent sur la guerre au Vietnam où est mort son père.

Elle téléphone pour recevoir une vidéo de l'institut Channard (voir film précédent, c'est un asile psychiatrique). Elle visionne la vidéo qui montre Kirsty (voir film précédent). Elle parle de la « boîte » (le cube des cénobites). Elle dit : « Elle fait mal ! Elle s'ouvre d'elle-même. Vos doigts bougent et vous apprenez. Alors ils sortent... les démons. »

Terri, trompée par les apparences, accepte de se rendre chez JP qui veut l'offrir à « manger » à la sculpture. Elle réussit à se défaire de son ex-amant et l'offre en pâture à la sculpture qui l'avale et il en sort Pinhead.

Joey trouve chez elle une vielle radio de la guerre qu'on avait déjà entendue en prologue. La radio lui dit d'aller à la fenêtre. Elle voit un soldat jouer avec un cube, elle passe de l'autre côté. Elle passe une porte et se trouve dans une tranchée de la Première Guerre mondiale où elle retrouve un officier qui n'est autre que Pinhead quand il était humain...

Il est désormais son fantôme, puisque Pinhead l'a remplacé. Il veut renvoyer Pinhead en enfer.

Massacre généralisé, abominable tuerie au cabaret. Pinhead crée de nouveaux cénobites à partir de ses victimes.

De nombreuses péripéties nous font espérer, puis désespérer... Ça se répète longuement.

Finalement Joey réussit à ouvrir la boîte qui aspire tous les cénobites. Mais... elle se retrouve à la guerre du Vietnam où elle rencontre son père. Elle ne voit pas qu'elle est grugée puisqu'il l'appelle par son nom alors qu'il ne l'avait pas connue avant sa mort (facile, non ?). En fait c'est Pinhead qui a pris l'apparence du père.

Il y a beaucoup trop de rebondissements dans cette fin sans fin...

Joye s'en sort, enferme les cénobites dans la boîte et elle va l'enfouir dans du béton pas encore durci. Et à la fin on voit l'immeuble construit décoré à la manière des cénobites...

Hellraiser IV : Bloodline d'Alan Smithee (1996)

Le film commence toujours par « Clive Barker présente »... On le retrouve aussi comme producteur exécutif. Le film est aussi écrit par Peter Atkins.

Quant à Alan Smithee, c'est le pseudo que prend le réalisateur quand il n'est pas content de son film...

Il paraît que cette coutume a commencé en 1955 avec un film pour la télévision, et le premier film de cinéma signé Alan Smithee est *Une poignée de plombs* (*Death of a Gunfighter*) réalisé en 1967 par Don Siegel et Robert Totten. Il paraît qu'Alan Smithee est l'anagramme de *The Alias Men* (« les hommes au nom d'emprunt »). Voilà pour le contexte de la création. Notre Alan Smithee pour ce film est Kevin Yagher. Venons-en au film lui-même. Il traite de la création des cubes qui donnent accès à l'enfer.

Il commence dans une station spatiale désertée. Un seul homme y est encore présent : le dernier descendant de la lignée française des Lemarchand... Un vaisseau spatial s'approche, des soldats débarquent. L'homme enfile des gants qui actionnent un robot à distance. Il fait des gestes avec ses doigts que le robot imite en manipulant un cube de cénobites et réussit à l'ouvrir. Visiblement l'homme veut faire venir Pinhead dans la station... Deux soldats entrent, le menacent avec leur arme et la fille déclare : « Vous êtes relevé de vos fonctions... »

Il raconte la création du premier cube des enfers. « J'ai l'intention d'emprisonner l'enfer ! » dit-il aux soldats.

Au 18e siècle un magicien doué a demandé à un horloger nommé Lemarchand de créer un cube infernal, ce qu'il réussit à faire.

Il donne le cube au magicien qui fait venir Pinhead et les cénobites, qui transforment Angélique, une jolie jeune fille, en accessoire de Pinhead. Ce qui nous vaut les deuxièmes scènes gore du film... « Celui qui convoque la magie commande la magie ! » Affirme Pinhead.

Ce pauvre Lemarchand prend conscience qu'il a ouvert les portes de l'enfer. Il revient chez le magicien, le retrouve mort alors que son assistant fornique avec Angélique. Ce dernier dira à Lemarchand : « Tu arrives trop tard, tout est joué, les démons vont venir sur Terre. » Et lui dit que toute sa lignée sera maudite.

« Pardonne-moi, je t'en supplie, je ne savais pas ce que je faisais. » Se lamente Lemarchand. Ce qui résonne comme une déclaration biblique.

Nous voici à Paris en 1996. Angélique veut aller aux USA contacter un descendant des Lemarchand, mais son assistant ne veut pas. Elle le tue dans d'horribles souffrances. Elle va aux USA retrouver John Merchant, ce descendant. Selon ce dernier, Leonard de Vinci aurait dit : « Une œuvre d'art n'est jamais terminée, elle est juste abandonnée... »

Angélique déclenche tout le processus avec un cube qu'elle a extrait d'un mur de la cave de l'immeuble (voir l'épisode précédent, quand l'héroïne a enfoui le cube dans du béton encore liquide).

L'occasion de scènes gore et atroces. « La boîte (c'est comme ça qu'elle appelle le cube) est reliée au sang de John. » Ce dernier fait des rêves érotiques avec Angélique. Pinhead transforme deux policiers en cénobite en les reliant entre eux par leur chair...

Pinhead veut que John réalise l'ultime cube celui qui ouvrira la porte de l'enfer de manière continue. Donc il y a bataille, chantage de Pinhead qui prend en otage le petit garçon de John, etc. « John doit finir son travail, donner la version définitive de la boîte. » Plein de péripéties sanglantes. Au final, Pinhead décapite John et la boîte manipulée par son épouse aspire Pinhead et Angélique. La lignée sera continuée puisque le fils de John a survécu !

Retour à la station spatiale.

Après quelques scènes de massacres de pauvres soldats, puisque le descendant de Merchant a fait revenir Pinhead, la station spatiale sera détruite avec Pinhead et ses deux nouveaux cénobites dedans...

C'est la fin de la série ? Non ! Il va y avoir encore cinq films !

Hellraiser V : Inferno de Scott Derrickson (2000)

Ce film est le dernier sorti en salle et sorti en DVD quelques semaines après.

Ce n'est plus Clive Barker qui présente, mais Dimension Films. C'est toujours Doug Bradley qui joue Pinhead « tête d'épingles ». Les frères Weinstein sont producteurs.

Ce film est traité sur le mode polar : l'enquête d'un officier de police américain qui va le conduire en enfer. Jusqu'à maintenant, je trouve que c'est le film le plus angoissant de la série, car, s'il apparaît comme s'éloignant du thème originel et orignal de Clive Barker, il le traite en fait très bien, puisqu'il s'agit de la culpabilité du pécheur...

Joseph, officier de police, est appelé parce qu'un massacre a eu lieu, genre « abattoir », comme le dit son coéquipier Tony. Sur place : bougies allumes et restes humains d'un ancien camarade de lycée de Joseph. Ce dernier extrait un livre de la bibliothèque, il y découvre une petite fiole de sang. Il y a le cube (la « boîte ») que Joseph emporte. Il porte deux empreintes de doigts. Dans une scène sentimentale de Joseph et de sa petite fille qui dort, le réalisateur nous offre des plans lovecraftiens...

Il va voir une prostituée, ils se droguent à la coca et, ensuite, il tripote le cube qui se met en marche devant ses yeux exorbités. La porte de l'enfer est ouverte et plus rien ne va plus aller pour Joseph. Ses attitudes, postures, actions, vont constamment l'amener à pécher, à mal se comporter. Ses actions vont aboutir à la mort de son indic, de son coéquipier, de sa famille entière, sa mère, son père sa femme et leur fille... Bien sûr tout cela se dévoile progressivement avec parfois, quelques fausses pistes.

Le psychologue de la police va s'avérer être ce fameux « ingénieur » qui le pourchasse et qui est en réalité Pinhead lui-même, qui dans ce film, joue son vrai rôle, celui qui punit le pécheur. Le pécheur qu'est Joseph. Il va faire des voyages dans le passé, revenir, repartir, tuer pour se défendre, croit-il, car tous ces proches qui sont morts cruellement à cause de lui tentent de le tuer...

Les cénobites pullulent. Il se voit enfant avec les doigts coupés, tous ces doigts d'enfant qu'on retrouvait sur les lieux des crimes atroces étaient les siens. Un cénobite s'arrache le masque et c'est Joseph en dessous. Après avoir tué tout le monde, il se retrouve à chaque fois dans les toilettes de la prostituée. Là où il a déclenché la « boîte »...

« Ta chair a assassiné ton esprit. » Lui dit Pinhead : « Sois le bienvenu en enfer ! »

Il va devoir vivre avec ses démons à jamais.

Hellraiser VI : Hellseeker de Rick Bota (2001)

Une variation de la nouvelle de Lovecraft *Je suis d'ailleurs*, mais aussi du film *Carnival of Soul* de Harold Herk Harvey (1962) et **Venus in Furs** de Jess Franco (1963)

Le retour de Kirsty, un des personnages récurrents de la série.

Un couple dans une voiture, la chaussée est mouillée, ils s'embrassent et ont un accident. La voiture tombe dans une rivière, la femme se noie.

Puis le film évolue, ou plutôt stagne dans les rêves et cauchemars de Trevor. Tous les gens qui l'entourent sont bizarres, le personnel médical dans lequel il se réveille, les passants, la voisine et les voisins de son appartement, la psy qui fait de l'acupuncture, son collègue de travail, sa patronne, les policiers. Tous étranges et inquiétants... Parfois il se voit faire l'amour, parfois il se voit devant des cadavres ensanglantés. Pinhead apparaît peu, la première fois au milieu du film.

Il y a des scènes à la morgue (surtout à la fin) et toujours des décors glauques, des flaques d'eau, des murs sales et des gens malfamés.

Trevor se passe le VHS de son anniversaire de mariage. La caméra continue à présenter un film alors que le VHS a été enlevé. À la télévision, il se voit faisant l'amour avec sa patronne.

Tout son entourage meurt, y compris son collègue qui lui dit qu'il a trahi le marché qu'ils avaient fait : tuer la femme de Trevor, Kristy, et lui voler son argent. Il apprend par la police que sa femme était riche alors qu'il vit dans un sordide HLM... Pinhead lui dit : « Toujours dans l'obscurité totale ? (...) Bientôt vous saurez tout, beaucoup plus que ce que vous auriez souhaité. »

Petit à petit, le spectateur se met à imaginer que la vie de Trevor qui nous est présentée n'est pas sa vraie vie. Le passé de Trevor lui donne mal à la tête.

Trevor va voir la psy qui lui fait de l'acupuncture et la trouve morte un pic à glaces planté dans la tête. Quelqu'un essaie d'entrer, car la clenche bouge... Trevor a peur il arrache le pic à glace et s'apprête à affronter les intrus, cette arme à la main et c'est la police qui entre. Il est arrêté et accusé. C'est le début de la fin et la fin ne sera qu'un autre commencement...

D'ailleurs Pinhead le dira : « Bienvenue dans le pire des cauchemars : la réalité. »

À la fin Trevor, après avoir été presque écorché par les chaînes de Pinhead, revient à son état normal, soulève le drap qui recouvre un corps à la morgue et découvre que c'est lui qui est mort !

Puis, c'est la scène de l'enquête de police auprès de la voiture de Trevor qui a été sortie de l'eau. Il y a le cadavre de Trevor. Et aussi Kirsty, c'est elle qui avait manœuvré tout ce faux semblant grâce à la boîte de cénobites qu'on avait vue dès le début et revue plusieurs fois au cours du film... Là, le policier l'a retrouvée dans la voiture et l'offre en douce à Kirsty qui l'accepte...

Hellraiser VII : Deader de Rick Bota (2003)
Le générique présente des scènes de l'objet du reportage de la journaliste Amy Klein : les drogués au crack.

Ensuite elle est chargée de mener une enquête à Bucarest sur les « deaders ».

Suite à la réception d'une cassette qui montre l'exécution d'une fille d'une balle dans la tête et sa résurrection après un baiser reçu par un type en imperméable blanc qui s'appelle, je crois, Winter (on le saura plus tard). La cassette a été postée à Bucarest. Son patron y envoie Amy.

Là-bas son enquête la mène dans un immeuble genre celui du film *Inferno* de Dario Argento. Elle s'introduit dans l'appartement de la personne qui a envoyé la cassette, y trouve une jeune femme morte qui s'est visiblement suicidée en se pendant. Elle y trouve aussi des photos de gens qu'elle a vus sur la cassette et une enveloppe contenant une autre cassette. On va de cassette en cassette et en boîte, puisqu'elle trouve aussi dans cet appartement, un cube de cénobites ! Cette deuxième cassette lui montre la femme qui s'est pendue faire part de sa terreur : « Il fera naître des démons et ensuite te demandera de le rejoindre. Et si tu le fais, jamais tu ne pourras revenir en arrière. Mais par-dessus tout, n'ouvre pas le cube. Il te le demandera, mais ne l'ouvre pas. Il n'y a que toi qui puisses arrêter tout ça. Je t'en supplie. » Puis elle lui donne un rendez-vous à la station de métro, dernier wagon. Ensuite, Amy n'écoute surtout pas les recommandations de la pauvre fille et tripote le cube. Il s'ouvre. Ce qui déclenche l'irruption des chaînes et crochets qui l'attrapent. Ça fait mal ! Mais ce n'était qu'un rêve. Pinhead apparaît et lui dit : « Surtout n'oublie pas que tu es toujours en danger. »

Ah ?

Elle va à la station de métro. Elle y voit une femme dans un imper en plastique, assise sur un banc au-dessus d'une mare de sang. Cette scène est importante pour ce qui va suivre.

Elle va à l'endroit que lui a indiqué un dénommé Joe dans le train qui lui conseille de ne pas y aller. C'est à cet endroit que Winter tue et fait renaître... Elle lui montre le cube, il se l'approprie en disant que « c'est un objet de famille en quelque sorte... »

Elle se réveille dans sa baignoire.

Un rêve récurrent est montré : un type viole une petite fille. On saura plus tard que c'est son père et elle.

Du sang coule sur elle, provenant d'elle. Elle a un grand couteau planté dans le dos... Elle réussit à l'enlever en coinçant le manche dans une porte de placard.

Pinhead apparaît, très bavard. Je cite son discours : « Non, tu ne rêves pas ! Un homme t'a recrutée pour être un soldat dans une guerre qui n'est pas la tienne. Une guerre qu'il ne gagnera jamais. Tu as ouvert le cube, maintenant ton âme m'appartient, tout comme la sienne. Les deaders ont trouvé un passage pour pénétrer dans mon monde, mon domaine. Mais pour atteindre leur but, ils ont besoin de toi. Si tu veux revenir en arrière, tu n'as qu'un seul moyen. Moi ! Je suis ton rédempteur, je suis le seul chemin. »

Elle se rhabille et sort. Elle saigne toujours. Elle doit devenir un deader de son plein gré.

Après d'autres péripéties sanglantes, elle voit la petite fille violée tuer son père avec le grand couteau. Amy meurt en même temps et se retrouve dans le lit de mort/renaissance où officie Winter. Il lui donne un couteau. Au lieu de se tuer, elle lance le cube au loin. Il s'ouvre, Pinhead apparaît avec ses cénobites et les chaînes à crochets sortent des murs et écartèlent Winter qu'ils écorchent et dépècent. Tous les participants sont éventrés. Il ne reste plus qu'Amy. Elle se tue avec le couteau et le cube aspire Pinhead et les cénobites...

Hellraiser VIII : Hellworld de Rick Bota (2003)
Lance Henriksen joue le rôle de Host.
Hellworld est un jeu vidéo basé sur Hellraiser. Les adolescents en sont fous. L'un d'eux, traumatisé par ce jeu infernal, creuse sa tombe dans un hangar, s'asperge d'essence et met le feu. Toutes ses copines et ses copains sont là à ses obsèques. Jack, qui leur reproche d'avoir pratiqué ce jeu qui est la cause de la mort de leur ami et Chelsea, la petite amie du défunt.
Quelqu'un organise une fête basée sur ce jeu, dans une grande maison isolée dans la forêt. Ils y vont tous. Host le meneur de jeu les fait visiter et leur fait un cours sur cette maison appelée Léviathan. Elle fut bâtie par Lemarchand, on y voit son portrait. C'était autrefois un couvent et une nonne, Ursula, fut influencée par le cube. Les 80 nonnes disparurent sans laisser de traces.

Il ne restait que quelques morceaux d'Ursula. Puis la maison fut un asile psychiatrique pour dangereux psychopathes.

On aperçoit quelquefois Pinhead qui punit atrocement tous ces jeunes pécheurs. Et ses cénobites aussi...

Les morts sont terriblement atroces dans la plus pure tradition des Hellraiser. On voit Host creuser des tombes dans le parc. Il y a plusieurs moments de suspense ratés. Le téléphone sonne tout le temps.

Petits hommages aux films genre Scream, où des ados sont horriblement punis de s'adonner au plaisir de la chair.

En fait nous saurons à la fin que tout cela n'est qu'une illusion, seuls les amies et amis du défunt sont présents. Le meneur de jeu, Host, leur a fait boire un alcool drogué pour les hallucinations et utilise d'autres moyens pour ceux qui ne l'ont pas bu. Donc ce n'est pas du tout du Hellraiser. C'est un Hellraiser bidon. Il n'y a que deux survivants parmi les amies et amis du défunt Adam.

À la fin, on voit Host se soûler dans une chambre d'hôtel et il trouve dans ses affaires un cube cénobite. Il le tripote cet idiot et le déclenche. Pinhead apparaît et un cénobite découpe Host en trois morceaux. C'est une fausse fin, car il y a encore une autre fausse fin...

Hellraiser IX : revelations de Victor Garcia (2010)

Ça commence mal avec des prises de vues en vidéo amateur. On ne va pas au cinéma pour voir des mauvais films d'amateur...

Ah ! On est sauvé : en fait c'est un film amateur que regarde une fille sur une caméra qu'elle a trouvée dans les affaires de son frère.

Dans ce film, Nico, le fiancé de cette fille trouve le « cube » maudit qui ouvre la porte aux enfers des Cénobites.

Les deux garçons sont saouls, Nico, le fiancé est un salaud.

Ce jeune et son ami ont disparu. Pinhead, lui, espionne toute la famille. Dans le sac que fouille la jeune fille, il y a aussi le « cube ». Elle est fascinée par cet objet.

Elle trouve à faire fonctionner le mécanisme et libère ainsi son frère (Steven le copain de Nico) des Cénobites... Enfin, c'est ce que veut faire croire le scénariste au spectateur...

La jeune fille et ses parents, les parents de Nico qui dînaient ensemble, se retrouvent coupés du monde dans leur maison isolée.

Pinhead enfonce des clous dans la tête de Steven écorché...

Le sang ramène à la vie, comme dans le premier film... Nico a besoin de sang pour reconstituer son corps et, pour se terminer, de la peau d'un humain...

Le sadomasochisme homosexuel esthétique et baroque de Barker est ici un peu grand-guignol. Il y a aussi de l'inceste.

L'heure des révélations viendra et chacun devra payer cher ses péchés.

Malgré tout, on frissonne quand même.

Tous ces films « Hellraiser » laissent des traces. On est fasciné malgré la banalité de la réalisation et du jeu des acteurs. C'est l'effet Barker !

Clive Barker, né en 1952, Grand poète de l'horreur sadomasochiste, a réalisé quelques perles noires parfois éprouvantes.

Le Pacte – Hellraiser (1987)   Attention quand vous trouvez un cube bizarre il pourrait vous arriver de sales histoires si vous le tripotez...

Transmutations (1988).

Cabale (1990) La vie et la mort, ce sont si peu de choses à comparaison des monstres qui vivent sous le cimetière.

Le Prince des illusions (1995) Un type à ne pas fréquenter ce « prince »...

Il a produit la plupart des films qui ont adapté ses œuvres et réalisés par d'autres que lui.

Films d'autres réalisateurs adaptés des œuvres de Barker ou simplement influencés par ces œuvres :

Dans cette partie les films sont classés par ordre chronologique

La Secte de Michele Soavi (1991). Terreur des insectes, puits de l'enfer, sadisme barkérien, lente évolution vers l'horreur. Pas mal du tout. Une influence de Lovecraft avec l'immense puits ? Et Masterton et Barker ?

Candyman de Bernard Rose (1992), d'après Clive Barker, c'est tout dire.

Un Noir autrefois injustement exécuté de manière atroce par des racistes revient hanter une banlieue déshéritée.

À la place de la main, il a un crochet particulièrement cruel... Ne prononcez jamais cinq fois son nom devant un miroir. Avez-vous essayé ? Moi, je n'ai pas osé...

Ce film, en produisant de la terreur à partir de la rumeur publique, allie le *gothique sudiste* au fantastique urbain. « *Je suis les graffitis qui recouvrent les murs...* » Susurre Candyman, et aussi : « *Je suis une rumeur* ».

Suites : *Candyman 2* de Bill Condon (1995) : attention à vos ventres, le fantôme au crochet est de retour ! – *Candyman 3* de Turi Meyer (1999).

Cronos de Guillermo del Toro (1992). Le *Cronos* du vieil alchimiste du XVIe siècle est retrouvé dans une statue. Une petite machine d'horlogerie en or que n'aurait pas reniée Clive Barker... Il lèche la tache de sang par terre. Il s'appelle Jesus Gris (!) Il ne veut pas l'éternité, car il ne veut pas tuer. Le prologue est formidable ! Anne Rice n'avait rien inventé...

Event Horizon, *le vaisseau de l'au-delà* de Paul Anderson (1997). Clive Barker a fait des adeptes. C'est l'atmosphère terrifiante de l'écrivain anglais de l'horreur que l'on retrouve dans ce film : du gothique à l'état pur, avec son architecture, ses grosses ferrailles, et ses instruments de torture.

Cette ambiance est mêlée à de très belles images de science-fiction : planètes, vaisseaux spatiaux qui défilent.

Ils ne sont pas si modernes que cela d'ailleurs, car les images transmises restent à deux dimensions.

On retrouve l'atmosphère gothique partout : l'Event Horizon est un immense vaisseau en forme de croix, les décors sont sombres (« *Cet endroit est une tombe* », déclare le capitaine). L'Event Horizon n'était pas revenu après être passé *« de l'autre côté »*. Il a réapparu quelques années plus tard. Tout l'équipage est mort. Il ne reste d'eux que des débris affreux, témoignant d'une horreur sans nom (me voilà influencé par Lovecraft, c'est l'ambiance...) Le bloc médical ressemble à une crypte. On retrouve le même thème que dans *Solaris* (1972) d'Andreï Tarkovski, car, dans le vaisseau, les êtres humains développent leurs angoisses à partir de leur psyché et des névroses qu'ils ont contractées. Mais ici on a affaire à un film d'horreur. L'entité maléfique n'est jamais connue, donc jamais nommée, jamais vue.

Seul l'homme qui avait construit le vaisseau la représente par son visage aux yeux crevés et à la peau découpée. Sam Neill est toujours aussi bon dans ce genre de rôle. Il y a les classiques débats entre le rationnel et l'irrationnel. C'est toujours ce dernier qui a raison, car les faits sont têtus, et même le rationnel ne peut pas les contourner.

Nous sommes donc vraiment dans une sombre histoire du gothique le plus classique, les combinaisons spatiales remplaçant les armures.

Voyons ce que dit Maurice Lévy, spécialiste du Roman Gothique[14] : « *Roman médiéval et art gothique relèvent au même titre, en effet, de cette faculté tant décriée pendant l'âge classique : l'imagination.* » Et encore : « *Selon Blair* (ne pas confondre avec le Premier ministre anglais, il s'agit ici d'un critique littéraire du dix-huitième siècle NDLA) *à mesure que le monde progresse, l'entendement gagne du terrain sur l'imagination ; l'homme s'applique à mieux connaître la cause des choses, et s'en émerveille de moins en moins [...] Ce vieillissement de l'imagination explique qu'il faille se tourner vers les premiers âges des civilisations pour trouver une poésie authentique, toute poésie étant "fille de l'imagination"* ». Et enfin : « *La nuit accroît nos craintes par l'incertitude où elle nous plonge. C'est parce qu'elle est terrible en soi qu'on l'associe aux fantômes et non pas, comme le prétendait Locke, parce qu'elle est associée aux fantômes qu'elle est terrible.* »

Ces citations montrent parfaitement la démarche du film, car là où s'est rendu l'Event Horizon est « *une dimension de pur chaos* ».

---

[14] In *Le Roman gothique anglais.*

Ni Dieux ni Démons de Bill Condon (1998).
Ce n'est pas un film fantastique, mais il parle
de fantastique, car il raconte les derniers jours
du réalisateur James Whale. Superbe film !
 Hélas il n'eut même pas droit à une sortie en
salles. Heureusement qu'il y a la télé. C'est là
que je l'ai vu. Le réalisateur, Bill Condon, ac-
compagne Clive Barker qui est un des producteurs.

Dark City de Alex Proyas (1998). Le réalisateur de *The Crow* (1993) nous offre de nouveau de très belles images. Cette fois, le scénario est à la hauteur de son art. C'est vraiment du cinéma du troisième millénaire. Les
effets spéciaux sont entièrement au service de
l'histoire et font de la ville le personnage principal du film, comme personne ne l'avait réalisé auparavant. Dark City : une ville dont les
composantes semblent dater d'époques différentes, une New York mélangée avec Gotham
City.
Personne n'y voit jamais le jour. La nuit est
sans étoiles et la mémoire des hommes est
vide bien qu'ils croient en avoir une. Mais
questionnez-les précisément : ils seront inca-
pables de vous raconter quelque chose de
précis. Dans *La Cité des enfants perdus*
(1994) de Caro et Jeunet c'étaient les rêves
qui manquaient. Ici, les *Étrangers*, êtres cara-
pacés de cuir ressemblant à des fourmis ne
savent pas ce que c'est qu'être un individu.

Alors, avec leur pensée collective, ils étudient les hommes et chaque nuit (mais n'oublions pas qu'il n'y a pas de jour) ils changent la ville par « *Synthonisation* » (je ne sais pas si c'est la bonne orthographe).

En faisant cela, ils construisent eux-mêmes la route qui les conduira à leur perte en expérimentant la recherche de « *Shell Beach* » au travers du héros de l'histoire. Ils vont contribuer à lui donner le même pouvoir qu'eux, et en plus, ils n'aiment pas l'eau (allez savoir pourquoi...) John donc, est un petit surdoué qui possède les mêmes pouvoirs que les « *Étrangers* ». Il résistera au suicide contrairement à ce pauvre inspecteur Walinski qui ne supporte plus cette folie, car il est un de ceux qui ont assisté aux transformations de la ville. Dark City est un grand centre spatial d'expérimentation. La réalité y est devenue insaisissable. Le grand écrivain américain P. K. Dick se serait certainement volontiers reconnu dans cette histoire, car le réel n'y est que le fruit de la pensée collective des *Étrangers*. Là aussi, Clive Barker a laissé son influence avec ses tenues de cuir, ses grandes machineries médiévales. Ainsi que les décors sombres de Gotham City du *Batman* (1989) de Tim Burton. À la fin, Dark City est remodelée par John Murdock en un monde plat que les êtres humains du Moyen Age croyaient comme le réel... Et au-delà de la mer ?...

Nous avons affaire à une science-fiction hautement philosophique qui pose la question de la réalité. Existe-t-elle vraiment en dehors de notre conscience ?

La réponse est non en ce qui concerne Dark City.

La ville n'est que le fruit de la pensée des « *Étrangers* », pensée mutée en énergie de transformation par leurs machines "souterraines". Mais, alors, ces machines sont-elle également réelles ? À partir de quelle pensée sont-elles créées ? Voilà qui est bien hégélien (de la pensée de Hegel, grand philosophe allemand) : la matière n'est que la négation de l'Idée, qui est elle-même la négation de la matière... Pour toutes ces raisons, ce très beau film méritait une fin plus ouverte, plus philosophique justement, à la manière de *2001 L'odyssée de l'espace* (1968) de Stanley Kubrick, par exemple.

En salle j'ai eu une expérience étonnante en regardant ce film : à la moitié de la séance, soudain, les paroles devinrent incompréhensibles et les personnages se tenaient tous la tête en bas !!! Le mystère jusque-là assez épais devenait alors incroyable ! Finalement le film s'arrêta, les lumières s'allumèrent et on nous annonça que la deuxième bobine avait été raccordée à l'envers... Ouf...

Jeepers Creepers le chant du diable de Victor Salva (2002). Excellent ! Cela commence comme dans *La Nuit des morts-vivants* ou *Evil dead* par un voyage en voiture avec des jeunes gens à l'intérieur (et aussi dans *Promenons-nous dans les bois*) ça continue comme dans *Duel*.

Autrement dit : il est aujourd'hui TRÈS dangereux de vivre dans les lieux publics comme les routes par exemple.

Le monstre me semble inspiré de Clive Barker, de même que la "chapelle Sixtine" avec des cadavres à la place des peintures de Leonardo... Victor Salva expose son homosexualité comme un manifeste. La lutte des jeunes adolescents contre le monstre est, bien sûr, une lutte inégale. Et ces jeunes ont vraiment peur. Ils sont même paralysés par la peur. Un film très pessimiste : mais au fond, la vie est très pessimiste, car la Mort nous attend au bout. Et la Mort est invincible comme dans Jeepers Creepers... On avait vu Victor Salva avec un film à l'eau de rose (*Powder*), mais ici, vous êtes prévenus : ce n'est pas à l'eau de rose. Pas du tout !

Le Peuple des ténèbres de Robert Harmon (2003). Tout le film se place dans le registre de la suggestion. La scène de la piscine est d'ailleurs un hommage au film de Jacques Tourneur *La Féline* (1942). C'est un peu longuet, mais assez correct.

La scène dans le métro me fait penser à la nouvelle de Clive Barker *Le Train de l'abattoir.*

D'ailleurs les créatures semblent tout droit sorties de l'imagination de l'écrivain maître de l'horreur. Enfin, le psy est comme d'habitude à côté de la plaque. Les schizophrènes ne sont pas malades : ils voient seulement ce que nous ne voyons pas...

Les Amants d'outre-tombe de John Mac Maughton (2004), "présenté" par George A. Romero. Série *les Maîtres de l'horreur.*
Ce film est tiré d'une nouvelle de Clive Barker. À entendre le nom du célèbre écrivain et cinéaste anglais d'horreur, les cheveux risquent de se dresser sur notre tête. Mais ce ne sera pas vraiment le cas en regardant ce film dont le prologue est si long qu'on se demande ce qu'il va se passer dans le si peu de temps qui reste à regarder. Quelques scènes finales de nécrophilie (pas vraiment érotiques, on a vu mieux notamment dans *Dellamore Dellamorte...*) nous font oublier qu'on a failli regretter de regarder ce film...

Creep de Christopher Smith (2004). Oui, les Britanniques sont en train de sauver le film d'horreur ! Ce film est terrifiant. Il semble vaguement inspiré de la nouvelle de Clive Barker "Le Train". Un monstre sanguinaire qui sévit dans le métro londonien traque une belle jeune fille.

Ces films d'horreurs trouvées dans les profondeurs, et particulièrement celui-ci, sont une allégorie assez claire : plus vous allez au fond de l'âme humaine et plus vous y trouverez de l'horreur.

Le générique est plein de couleurs jaune et rouge sang !

Le film commence d'ailleurs par une scène saisissante dans les tripes de la ville: les égouts.

Puis on passe sans transition à une réception chic de l'élite londonienne.

Et là les yeux du spectateur sont irrémédiablement attirés par une belle blonde habillée d'une jolie robe jaune...

Le « giallo » des films d'horreur italiens...

Les plans rapprochés alternent avec des plans éloignés et des scènes d'action (en général de fuite dans les couloirs), les travellings avant pèsent lourd de signification. Les escaliers roulants qui permettent d'atteindre les profondeurs des entrailles de la ville sont somptueusement filmés. La scène de l'ongle cassé est très suggestive : elle permet au spectateur d'atteindre la conscience de la douleur des victimes.

Quelques images et une scène montrant le monstre regardant des fœtus dans un bocal permettent d'envisager une explication rationnelle, mais laquelle ?

La fin est à contre-courant de toutes les fins de films d'horreur...

Un petit chef-d'œuvre. Peut-être même un grand ?

Livre de sang (Book of Blood) de John Harrison (2008)

Adapté des oeuvres de Clive Barker: *The Book of Blood* et *On Jerusalem Street*.

Le livre de sang est écrit sur la peau d'un zombie qu'un tueur à gages s'apprête à écorcher, car son commanditaire lui a commandé la peau de ce type « en un seul morceau ». Le corps écorché est une obsession dans l'œuvre de Clive Barker.

Le tueur à gages est fasciné et demande à sa victime de raconter avant de le tuer...

Un meurtre ignoble avec écorchage du visage est commis dans une maison, et ceci en punition des péchés de cette pauvre jeune fille.

Une prof de paranormal qui boit veut faire une enquête dans cette maison. Un de ses élèves a des dons de prémonition. Elle lui demande de l'aider. Elle a aussi un assistant technique qui est un ami très proche.

Une histoire de hantise, mais à la Barker !

Il est question d'une fontaine de sang, d'un pédophile assassin, de culpabilité... Il y a aussi des libellules !

Une très belle histoire. Un excellent film.

La réalisation et le jeu des acteurs mettent beaucoup de profondeur dans l'univers de Clive Barker.

The Midnight Meat Train de Ryunei Kitamura (2009)

C'est une adaptation de la nouvelle de Clive Barker *Le Train de l'abattoir* du recueil *Le Livre de sang* (1984).

Clive Barker, écrivain anglais, a donné à l'horreur une esthétique particulièrement fascinante. Il a également réalisé quatre films, dont l'un a donné lieu à de nombreuses suites (voir ci-dessous).

Un tueur massacre les gens dans le dernier métro de New York. Un photographe va être amené à le rencontrer. Il l'a repéré grâce à une photo.

Avec sa sacoche contenant ses instruments de mort, le tueur fait penser à Jack l'Éventreur. Ce tueur travaille dans un abattoir dans lequel plusieurs scènes se déroulent.

Il y a New York aussi : dans la nouvelle c'est le premier personnage dont parle Clive Barker. Le métro est filmé de manière hallucinatoire. Les meurtres sont traités avec une horreur fidèle au style de l'écrivain qui est un des producteurs du film.

Quand on est mort, on n'est plus que de la viande !

Terreur (Dread) d'Anthony DiBlasi (2009)
Basé sur la nouvelle *Dread* de Clive Barker.
Ils jouent bien ces deux petits jeunes (Stephen et Quaid)
« Vivre la terreur d'un autre par procuration » c'est le sujet de thèse de cinéma proposé par Quaid, qui a vu, enfant, ses parents assassinés à coups de hache... Le thésard c'est Stephen. Il aurait mieux fait de ne pas le rencontrer ce Quaid.
« Dévoiler le côté sombre qui est en nous ? » Questionne l'amie de Stephen en riant.

Elle finit par témoigner elle aussi (après plein de témoignages barbants) qu'elle a été agressée sexuellement par son père quand elle était petite. Son père travaillait dans un abattoir, lieu de prédilection de Clive Barker.

À chacun son traumatisme, comme cette amie de Stephen qui est affublée d'une énorme tache de vin sur tout le corps.

« Être sexy, c'est un truc unique ! » S'exclame Quaid pour la consoler...

Quaid a d'autres motivations que la thèse...

Ce film est très oppressant. Il est très bien réalisé...

On s'attend à ce qu'il arrive quelque chose d'atroce à tout moment...

Et ça arrive ! et pas qu'une fois ! Il suffit d'un révélateur de l'horreur...

Très tiré par les cheveux, mais insoutenable, écœurant, révoltant, exaspérant...

Un film très dérangeant...

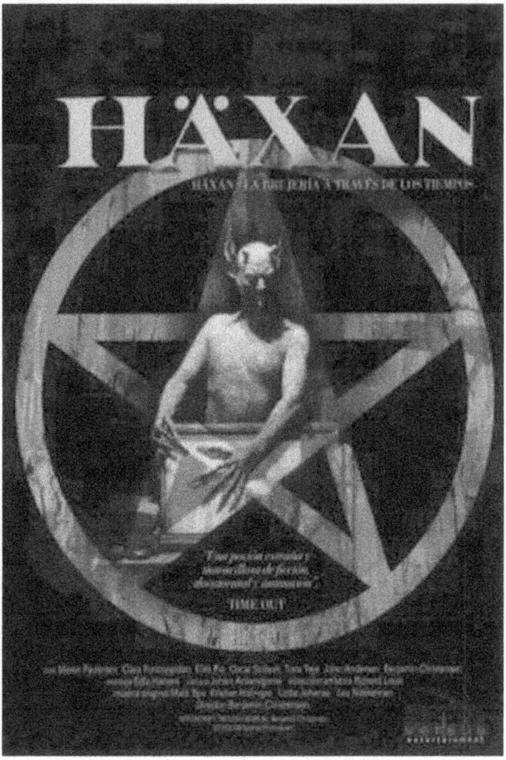
HÄXAN

Les autres films

Cauchemars et hallucinations de Richard Oswald, de Orstein de son vrai nom (1919) Un très long film tout en noir et blanc (avec peu de gris), des effets spéciaux très réussis et le superbe Conrad Veidt comme acteur. Quelques plans expressionnistes inoubliables.

Au début, chez un antiquaire, le Diable, la Mort et la Servante prennent vie dans leur tableau, en sortent et lisent cinq livres que nous raconte le film : *L'apparition* d'après Anselma Heine, La *Main* d'après Robert Lieman, *Le Chat noir* d'après Edgar Allan Poe, *Le Club des suicidés* d'après Robert Stevenson et *Le Spectre* d'après Richard Oswald lui-même.

On ne s'ennuie pas une minute !

La Sorcellerie à travers les âges (Häxan) de Benjamin Christensen (1921), pamphlet fantastique contre le totalitarisme... On n'a jamais fait mieux sur ce thème depuis. Ce n'est pas un film de fiction, mais un traité historique sur la sorcellerie et comment elle fut le prétexte au martyr de milliers de femmes.

Les Visiteurs du soir de Marcel Carné (1942), long, un peu ennuyeux, mais célèbre grâce à Arletty et surtout à ce diable de Jules Berry... Scénario de Jacques Prévert.

Ma Femme est une sorcière de René Clair (1942). Cette comédie américaine de René Clair est à la source de la célèbre série télévisée : *Ma Sorcière bien-aimée*.

La Main du diable de Maurice Tourneur) 1943, un chef-d'œuvre du cinéma fantastique français avec le grand Pierre Fresnay, d'autant plus qu'on y voit nettement la patte de l'expressionnisme allemand.

La Beauté du diable de René Clair (1949), le diable est joué par Michel Simon et Faust par Gérard Philipe. Sublimes !

Un Pacte avec le diable de John Villiers Farrow (1949). Un juge (politicien) honnête cède à la tentation du diable. Mais il finira par s'en tirer grâce à la bible !

Le Septième sceau d'Ingmar Bergman (1956), la mort, toujours la mort... Le chevalier Antonius Block, qui revient d'inutiles croisades, veut connaître les secrets de Dieu. Il interroge la Mort avec qui il joue une partie d'échecs. Mais la Mort ne sait rien... sinon la peste noire et l'épouvante dans les yeux de la sorcière que l'on va brûler vive. Un des grands films du monde.

Le Géant de la steppe d'Alexandre Ptouchko (1956), film soviétique d'Héroïc Fantasy avec des batailles, des diables, des dragons. En couleurs et CinémaScope... Un des grands films de ce genre, hélas méconnu.

Rendez-vous avec la peur de Jacques Tourneur (1957), l'objet maléfique à transmettre à tout prix. Et tel sera pris qui croyait prendre... Une ambiance de terreur sourde. Voir au chapitre « Les origines »..

Le masque du démon de Mario Bava (1960)
Un professeur, le docteur Kruvajan, et son assistant, Andreï Gorobec, voyagent en diligence. Ils se rendent à Moscou pour assister à un congrès et sont en retard. Pour gagner du temps, Kruvajan paie le cocher afin qu'il aille au plus court à travers la forêt. Ce dernier a peur de rencontrer la sorcière dans ce lieu maléfique.

La Cité des morts de John Moxey (1960)
Ce film est intéressant à plus d'un titre. Son scénario semblerait avoir inspiré ou s'être inspiré de plusieurs films : *L'Antre de la folie* (1994) de John Carpenter (avec le village maudit), *Rendez-vous avec la peur* (1957) de Jacques Tourneur (avec le sorcier et la malédiction), Le *Masque du démon* (1960) de Mario Bava (le retour de la sorcière)...
Le film est ultra fauché et remplace les décors par le brouillard cher à Roger Corman. Christopher Lee est bon comme à son habitude et,

de par l'intertextualité de ce film, on prend un certain plaisir à le regarder.

Brûle, sorcière brûle de Sydney Hayers (1962). Un petit film en noir et blanc pas trop mauvais...

La Sorcière sanglante d'Antonio Margheriti sous le pseudonyme d'Anthony Dawson (1964), film gothique dans lequel Barbara Steel, comédienne fétiche de Mario Bava, tient de nouveau le double rôle de victime et de spectre (comme dans *Le Masque du démon* de Mario Bava et *La Chambre des tortures* de Corman).

La Crypte du vampire de Camillo Mastro-cinque (1964)
Un joli noir et blanc avec Christopher Lee qui ne joue pas le vampire.
Le même château que dans *Le Cimetière des Morts vivants* et *Vierges pour le bourreau*.
Il y a trois jolies filles pas moins.
Un jeune restaurateur d'œuvres d'art arrive au château du comte Karlstein. Ce dernier veut enquêter sur une de ses ancêtres, exécutée autrefois pour sorcellerie. Il confie l'enquête au jeune homme, car il doit y avoir un tableau dans la maison qui montre le portrait de cette jeune femme ancêtre du comte.
Voilà une bonne idée de scénario.
La fille de Karlstein et sa gouvernante tentent de faire un cérémonial nécromancien pour dé-couvrir si la jeune-fille n'est pas la réincarna-

tion de la sorcière... Il semble que la jeune fille sorte possédée de cette cérémonie.

La fiche technique du film indique que le scénario est inspiré de la nouvelle *Carmilla* de Le Fanu. Soit. Mais il est aussi nettement inspiré du film *Le Masque du démon* de Mario Bava (1960).

Ce film comporte quelques magnifiques plans : quand Laura (la fille du châtelain) dort dans l'obscurité son visage éclairé... La scène où les deux jeunes filles trouvent le clochard pendu à la cloche de la chapelle abandonnée... Mais qui est le vampire ?

Le mystère vous tient jusqu'au bout.

Ce film est très bon. Le scénario est excellent.

La Maison ensorcelée de Vernon Sewell (1968)
Curse Of The Crimson Altar ou *Crimson Cult* ou *Reincarnation* ou *Spirit of the Dead* ou *Witch House*
Une adaptation de *La Maison de la sorcière* de Lovecraft.

Il reste peu de choses de la nouvelle du reclus de Providence, si ce n'est la sorcière (mais ici elle est bien plus classique que chez Lovecraft) et la pièce secrète dans le grenier.

Il manque surtout le rat Brown Jenkin !

Ne vaut que pour la participation de Barbara Steele, Boris Karloff et Cristopher Lee.

Rosemary's Baby de Roman Polanski (1968), horreur et damnation. Quand Rosemary a été vendue au diable par son époux, de quelle progéniture accouchera-t-elle ?

Conan le barbare de John Milius (1970) Violence médiévale, sorcellerie et magie noire, aventures fabuleuses de Conan (joué par le sculptural Schwarzenegger qui sait ne pas se prendre au sérieux), personnage inventé par l'écrivain américain R. E. Howard.
Une suite de Richard Fleischer : *Conan le destructeur* (1983) et une autre Fantasy du même réalisateur avec Arnold Schwarzenegger : *Kalidor, la légende du talisman* (1985)

Les Diables de Ken Russel (1970), mauvais goût et excès de Russel font de ce drame historique un vrai film fantastique... Richelieu réussit à faire torturer à mort (scènes dignes du gore) et brûler vif le prêtre qui défend la ville de Loudun. En effet, la mère Jeanne (et d'autres) est amoureuse de lui, ce qui produit chez les religieuses une crise d'hystérie. (Voir *La Sorcellerie à travers les âges* 1921). Le prêtre Grandier est donc accusé de sorcellerie.

Les Crocs de Satan (Cry of the Banshee) de Gordon Hessler (1970)
Attention ne pas confondre ce film avec *Brûle, sorcière brûle* de Sydney Nayers (1962)
Avec Vincent Price, ça fait le film !
Il y a d'abord un joli générique animé et amusant.
Une histoire de sorcières et de malédiction.

Alors que le seigneur de la contrée martyrise les sorcières, ou présumées telles, un grand chien enragé terrorise les villageois. La famille du seigneur a été maudite autrefois.

Mais le spectateur s'ennuie, c'est décousu, ça manque de transition et les effets sont faciles. Quant au scénario, il est très léger.

Si le film traîne en longueur, la fin est intéressante. Donc patientez !

Gordon Hessler a réalisé beaucoup de films de série B, notamment l'excellent *Lâchez les monstres* (1970) avec Vincent Price, Peter Cushing et Christopher Lee, pas moins !

Les Sévices de Dracula de John Hough (1971)

Cette fois Mercalla apparaît juste pour vampiriser le comte Krstein et ensuite on n'a plus aucune nouvelle d'elle dans le film ! (Il n'y pas de Dracula dans le film qui s'appelle *Twins of Evil* en VO). Un film assez étonnant, du pur Hammer avec l'immoralité qui lui va si bien (mais la fin est très morale). « Je n'aime pas les hommes honnêtes », déclare Frida l'une des belles jumelles. Mélange de vampirisme et de sorcellerie, les décolletés féminins y sont plus profonds que jamais. On retrouve avec plaisir toujours la même forêt présente dans les films de la Hammer. Le personnage joué par Peter Cushing est plus ambigu que jamais...

La Nuit des maléfices de Piers Haggard (1971)

On est toujours chez la Hammer grâce à Artus Films.

Sorcellerie, bouquets d'aubépine : Belzébuth n'est pas loin !

Il est toujours fécond le ventre qui engendra la bête immonde !

Les ruines d'une ancienne église au cœur de la forêt. L'empreinte de Satan est une touffe de poils qui pousse sur le corps.

« Cette paroisse est contaminée ! Quels sont les effets du mal ? » Questionne le juge.

Tout cela est très emberlificoté. Quel ennui.

Dans le supplément Alain Petit fait un historique des films de sorcellerie. Il explique aussi que Pers Haggard, qui est le petit-fils de l'écrivain Henry Rider Haggard (*Les Mines du roi Salomon*) est aussi le réalisateur du quatrième opus de la série des *Professeur Quatermass*.

Exorcism de Jess Franco (1974). Fausses messes noires et vrai tueur en série joué par... Jess Franco lui-même. Très mauvais acteur.

Lisa et le diable de Mario Bava (1972) et **La Maison de l'exorcisme** de Mario Bava (1974)

Bava a tourné *Lisa et le diable* sorti en 1972, un film "intellectuel", un peu ennuyeux au début, mais on y voit très bien la patte du grand cinéaste de l'expressionnisme de couleurs. Quelques mois plus tard, on lui a demandé de "rentabiliser" ce film pour le grand public et il en a fait *La Maison de l'exorcisme*. Il est vrai qu'entre temps il y avait eu le grand succès du film *L'Exorciste*... Enfin, bref, Bava a repris presque tout le film *Lisa...*, sauf quelques scènes à la fin et a intercalé des scènes de possession démoniaque et d'exorcisme qui, d'ailleurs, permettent de "rationaliser" l'histoire.

Le Maître et Marguerite d'Aleksandar Petrovic (1973), le diable à Moscou (interprété par le génial Alain Cuny) sème la perturbation dans la censure soviétique et le matérialisme dialectique. Deux citations : « *Tout pouvoir est une violence exercée sur les gens* » (ça, c'est Jésus Christ qui le dit dans la pièce soumise à la censure) et : « *la justice n'existe pas ! il n'y a que des lois* »....

Frissons d'outre-tombe de Kevin Connor (1973), l'antiquaire, joué par l'imperturbable Peter Cushing, vend des objets qui développent le mauvais côté de la personnalité des acheteurs. Thème repris par la série télévisée *Vendredi 13* et par Stephen King dans *Bazaar*.

L'Exorciste de William Friedkin (1973), diablerie effrayante. Une petite fille possédée par le démon impressionne toujours. Premier film fantastique inaugurant la période des budgets importants.
Variantes : *L'Exorciste II : l'hérétique* de John Boorman (1977) très bon film, *L'Exorciste III*

(1990), *Exorcist the beginning* de Renny Harlin (2003).

Les Vierges de la pleine lune de Paolo Solvay (Luigi Batzella) 1973
Une fille court dans les bois en chemise de nuit : ultra classique !
À la recherche d'un anneau maléfique au pays des vampires. Au château de Dracula !
Ce château a été vu dans de nombreux films de même catégorie...
Le réalisateur tente quelques plans expressionnistes. Et des plans osés : les promenades solitaires dans le château sont filmées en contre-plongées au plafond.
Les scènes d'amour sont ennuyeuses.
À la photographie c'est Aristide Massaccesi, qui est un des nombreux pseudonymes de Joe D'Amato.

Phantom of the Paradise de Brian de Palma (1974), pacte avec le diable et fantôme de l'opéra, euh... du Paradise. Scène de la douche de *Psychose* légèrement adaptée. Il y a du Hitchcock, du Goethe et du Proust (sans oublier Gaston Leroux).

Carrie au bal du diable de Brian de Palma (1976), à bas le puritanisme. Film fantastique qui prend à rebours la mode puritaine des films de terreur de l'époque. La jeune Carrie se voit munie de pouvoirs surnaturels. Gare ! La dernière image secoua les spectateurs de l'époque. On a vu plus terrible depuis. Cette scène finale a été reprise dans *Les Valeurs de la famille Addams*. La suite : *Carrie 2 la haine* de Katt Shea (1999)

La Malédiction de Richard Donner (1976), un bébé est mort-né. Son père accepte de l'échanger avec un autre. Nouveau péché originel qui introduira le diable dans notre monde par l'intermédiaire d'un charmant enfant. L'enfant et sa gouvernante sont tous deux diaboliques. Suites : *Damien la malédiction II* de Don Taylor (1978) – *La Malédiction finale* de Graham Baker (1981).

Suspiria de Dario Argento (1977), une jeune fille arrive dans une école de danse. Il pleut, c'est la nuit. Au moment où elle arrive, une autre jeune fille sort terrifiée. La scène suivante montre cette dernière arrivant dans un hôtel aux couleurs rutilantes, décor expressionniste de couleurs cher à Argento. Elle sera exécutée froidement méthodiquement. La scène est unique, faite de gros plans : sur la vitre sur laquelle la fille colle son visage pour tenter de voir à l'extérieur, et elle y voit deux yeux maléfiques, sur l'avant-bras et la main tenant le couteau qui la tue sans jamais voir le corps de l'assassin (mais en a-t-il un ?). À la mort de la jeune fille, pendue en haut de la cage d'escalier, la caméra s'éloigne du sujet...

Inferno de Dario Argento (1978), une belle maison en plein centre de New York renferme des secrets terrifiants. Une femme fait tomber son trousseau de clés dans une trappe de la cave sous laquelle de grandes pièces d'habitation sont plongées dans l'eau claire. Son trousseau est resté accroché à un lustre du plafond qui se trouve être le plancher sur lequel elle se trouve. L'eau affleure la trappe. Elle se penche pour attraper l'objet et tombe à l'eau... Les clés tombent aussi. Comme elle est déjà dans l'eau, elle nage pour les récupérer quand soudain un cadavre tournoyant la prend dans ses bras... Terrifiée, elle remonte dans une nage effrénée... Un vieux voisin n'aime pas les chats. Il est paralytique et marche avec des cannes. Il réussit à attraper les chats et les met dans un sac. Il va, péniblement, les noyer dans un rejet d'égout situé à proximité. Il passe devant un camion pizza éclairé. Au moment de jeter le sac dans l'eau sale, il titube et tombe. Les rats sortent du tuyau d'égout par milliers et commencent à le dévorer vivant. Il hurle au secours. Le vendeur de pizzas accourt, un revolver à la main et tire sur... le vieillard ! La mort rôde partout, cruelle, car la Mort habite cette maison. Terrifiant... Du Argento flamboyant avec les couleurs expressionnistes, les gros plans qui suggèrent tant de choses hors champ, les rythmes et mouvements de caméra.

Horrible de Joe D'Amato (1981)
DVD Bach Films Titre original *Rosso Sangue*.
Un film très sadique... éprouvant.
Un homme en jeans et chemise ouverte est poursuivi par un autre en imperméable. Ne

nous laissons pas tromper : sans doute que le poursuivi est le méchant et le poursuivant le gentil.

Dans une maison, un enfant et sa nourrice ; le chien aboie devant la porte que le petit garçon ouvre. L'homme poursuivi qui fait de gros yeux est là ! Il est éventré ! Ses boyaux pendent entre ses doigts.

Hôpital, salle d'opération où on opéré le blessé [Les chirurgiens semblent remuer une omelette plutôt que d'opérer...]

L'homme se réveille en pleine opération. Les docteurs lui objectent un supplément d'anesthésiant.

Ensuite on voit un vieil homme ivre persécuté par des jeunes en moto. Dans les films d'horreur, ce genre de scène désigne de prochaines victimes.

La police arrive et engueule l'ivrogne alors que les motards sont partis. Les policiers sont appelés pour l'arrivée du blessé à l'hôpital.

Salle d'opération : « Je ne pense pas qu'il s'en sortira ! Adrénaline ! »

Les battements de cœur repartent.

« Une capacité de récupérer si vite n'existe pas ! » S'exclame le chirurgien. « Ce qui m'a frappé c'est la coagulation si rapide du sang ! » Poursuit-il.

[Qu'est-ce qu'ils fument dans ces films à cette époque !]

Dehors (il fait nuit) les policiers interpellent le poursuivant du blessé. Il montre son passeport.

[C'est assez mal joué. Parfois les images sont mal cadrées.]

Le blessé n'a aucun papier sur lui. Ils trouvent des pièces de monnaie grecque. Or l'homme rencontré la nuit par les policiers est grec. Le blessé se réveille à l'hôpital sous le regard de ce dernier. Le policier expulse ce dernier. L'inspecteur sort de la chambre d'hôpital, appelé au téléphone.

Le blessé se réveille, se lève et... tue l'infirmière en lui perçant le crâne avec une perceuse de chirurgie. La police arrive trop tard.

Le monstre s'est rhabillé et fuit dans la nuit. C'est un géant bien baraqué.

Le Grec collabore avec la police pour traquer ce monstre.

« Le cerveau de ce monstre a grossi après l'opération. Il est immortel et peut régénérer ses cellules facilement. » Explique le chirurgien.

Le Grec est un prêtre. « Quelle est la raison qui le pousse à tuer ? » « Il est possédé par le démon. » Répond le prêtre qui explique qu'il faut détruire le cerveau de cette machine à tuer pour le tuer.

Le monstre tue un employé du nettoyage malgré les balles qui lui transpercent la poitrine. Il le fait en passant son crâne à la scie sauteuse. L'inspecteur et le prêtre traquent le tueur.

Un des motards –voir plus haut) tombe en panne à proximité : le monstre le tue après avoir été renversé par une voiture.

(...)

Il reconnaît la voiture qui l'a accidenté et qui était conduite par le père du petit garçon du début et va pénétrer dans l'appartement.

Ce petit garçon et sa sœur handicapée sont gardés par une jeune fille qui va bêtement ouvrir la porte, car le chien pleure... Elle prend un coup de pic de terrassier sur la tête...

La nourrice qui prend la relève arrive.

[Au centre de l'intrigue, il y a un match de foot américain.]

Chassé-croisé dans la maison entre le monstre, le petit garçon et la nourrice. Suspense !

Le tueur fait cuire la nourrice en la maintenant la tête dans le four de la cuisine...

La petite handicapée réussit à se lever et, pour se défendre, crève les yeux du monstre avec des ciseaux.

[C'est l'affiche du film : le monstre aux yeux crevés.]

La fin est superbe : l'affrontement entre la jeune handicapée et le monstre aveugle.

Le curé chasseur de monstre arrive. Affrontement.

Tout sera résolu par la hache !

Superbe scène finale !

Bonus.

Christophe Lemaire journaliste présente Joe D'Amato qui a tourné *Horrible* après une flopée de films pornos, dont le fameux *Tarzan X*. Le scénario de ce film a été pompé sur celui d'*Halloween* de Carpenter. Ce film, dit-il, comme beaucoup de films d'horreur, est un prétexte pour des scènes gore. On ne le regarde que pour les scènes gore comme on ne regarde que les scènes de cul dans les films pornos.

Le film a une ambiance américaine. Plusieurs éléments tendent à faire croire au spectateur que nous sommes aux USA. Le comédien qui joue le monstre est George Eastman, de son vrai nom, Luigi Montefiori. Il était également le monstre dans le film Anthropophagous de Joe D'Amato (1980)...

L'autre enfer de Claudio Fragasso (1981)
Premières scènes : on ne voit pas grand-chose, à part des ossements humains et des appels au secours d'une nonne qui tient une lampe de poche. Ensuite on voit un « laboratoire » de pacotille dans un couvent et on assiste à des assassinats. On voit des dépouilles mortelles.

Le diable a pris possession des lieux. Le père Valerio qui est chargé de l'enquête est un prêtre hors normes. Être face à face avec le malin c'est quelque chose ! Un autre prêtre explique que seule la foi pourra le détruire. Classique ! Il y a quelques (petits) plans-séquences ainsi que des mannequins et poupées. Les exécutions sont atroces lors d'une nuit des « longs couteaux »...

Le charme macabre de ces films des années 80 réalisés avec les moyens du bord.

Possession de Andrzej Zulawski (1981). Le mur de Berlin (le diable est-il présent de l'autre côté ?) est omniprésent. « *Le bien n'est* *rien d'autre qu'une sorte de réflexion sur le mal »,* déclare la "possédée" Anna interprétée par la géniale et sublime Isabelle Adjani. *« Peut-être as-tu vu Dieu en personne ? »* lui demande son mari Marc. *« Dieu est toujours sur l'escalier où le chien est mort ! »* ajoute-t-il plus tard... Cette superbe histoire d'horreur ressemble, au fond, à celle du terrible film de Ken Russel *Les Diables*... Marc est interprété par Sam Neill, pas encore aussi bon qu'il l'est devenu, notamment dans *Event Horizon»*.

Evil Dead de Samuel Raimi (1982), une bande de jeunes passent le week-end dans une cabane isolée dans la forêt, séjour loué dans une agence. Dans la cave, ils trouvent un manuscrit de peau et un magnétophone. Ils écoutent de mystérieuses incantations psalmodiées sur la bande. Elles appellent d'horribles démons invisibles qui possèdent les corps et les esprits. « Viens avec nous... » Entendent-ils murmurer dans leur crâne. Ce film que Sam Raimi a réalisé à vingt-deux ans avec un très faible budget est devenu un film culte. Gore et terreur grandiloquente produisent deux effets : la terreur ou le rire devant les exagérations du film. C'est en tirant parti de ce deuxième effet que Sam Raimi a réalisé deux suites de plus en plus extravagantes : *Evil Dead 2* en 1987 et *L'armée des ténèbres* en 1993. Il y a aussi une série télé et un remake (voir plus loin).

Les Entrailles de l'enfer de Philippe Mora (1982). Histoire de goule qui compile l'œuvre de Lovecraft... Mal joué, filmé médiocrement... Technique : on ne montre rien, la musique suffit...

La Forteresse noire de Michael Mann (1983). Un très bon film au rythme langoureux, au montage délicieusement chaotique. L'histoire est adaptée du roman homonyme de F. Paul Wilson. Une seule chose est ratée et c'est dommage, c'est le monstre dont le design a été concocté par Enki Bilal. Ils auraient dû demander à quelqu'un d'autre. Ce monstre est ridicule. Des soldats allemands en 1941 sont envoyés occuper un poste avancé sur un col des Carpates. Ils élisent domicile dans une grande forteresse inquiétante. Des soldats cupides ouvrent la porte à une entité enfermée dans cette forteresse qui, une fois libérée, se nourrit du mal dont sont porteurs les nazis et grâce à cette énergie maléfique prend forme. Elle cherche à sortir de cette forteresse...

Les Griffes de la nuit, (Freddy) de Wes Craven (1984), le fantôme de Freddy Krueger, psychopathe meurtrier brûlé vif autrefois par les parents de ses victimes, possède la particularité de revenir en chair et en os avec ses griffes d'acier coupantes comme des lames de rasoir pour tuer les adolescent(e)s, surtout les filles qui ont une vie sexuelle débridée (influence d'*Halloween* de Carpenter). Ce qui est génial, et qui explique les nombreuses suites, c'est que ce monstre revient, appelé par les RÊVES des adolescents. Attention : le sommeil est cruellement mortel... Idée géniale. Un nouveau monstre est né ! Et croyez-moi, ce n'est pas facile d'en créer de nouveaux. Pour s'empêcher de dormir, Nancy regarde *Evil Dead* (1982) de Sam Raimi. Nombreuses suites : *La Revanche de Freddy* de Jack Sholder (1985) – *Les Griffes du cauchemar* de Chuck Russel (1987) – *Le Cauchemar de Freddy* de Renny Harlin (1988) – *L'Enfant du Cauchemar* de Stephen Hopkins (1989) – *La Mort de Freddy* de Rachel Talalay (1991)...

Enfin, Wes Craven a réalisé ce qui devait être l'ultime Freddy avec *Freddy sort de la nuit* (1994) dans lequel il se met en scène lui-même ainsi que les acteurs de son film *Les Griffes de la nuit* qui jouent leur propre rôle.

Et puis nous avons eu le plaisir de revoir Freddy dans *Freddy contre Jason* de Ronny Yu (2003)

Il y a une série de télévision, intitulée *Freddy, le cauchemar de vos nuits*, avec des téléfilms de Tobe Hooper, Tom Mac Loughlin, Mick Garris et Ken Wiederhorn.

Démons 1 et 2 de Lamberto Bava (1985)

Des gens réfugiés dans un cinéma se transforment les uns après les autres en démons…

Lamberto est le fils du grand Mario Bava. On attendait de lui quelque chose de génial. D'ailleurs ces deux films sont produits par Dario Argento (pas moins !) et c'est Sergio Stivaletti qui est aux effets spéciaux. Ces derniers sont très rudimentaires... Par manque de moyens sans doute.

Cela faisait longtemps que je voulais voir ces films et ils m'ont déçu.

Le pire des années 80...

Dommage pour Mario...

Aux Portes de l'au-delà de Stuart Gordon (1986), Gordon adore adapter Lovecraft. Un film terrifiant qui suggère que la folie est la possession de notre esprit par des entités de l'au-delà. Un scientifique a inventé une machine pour passer dans la sphère des Grands Anciens. Cela aura des conséquences incalculables sur lui-même et son assistant (joué par Jeffrey Combs). Les efforts de la jolie psychiatre pour comprendre la situation ne pourront la mener qu'à la folie.

The Evil clergyman de Charles Band (1987)

Adapté de la courte nouvelle homonyme de Lovecraft écrite en 1933 et aussi de *La Maison de la sorcière* écrite en 1932.

Avec Jeffrey Combs et Barbara Crampton.

Une belle blonde revient dans la chambre où elle avait connu une intense passion charnelle avec un clergyman.

Petit film assez court, très noir, très sombre, du pur Lovecraft (sauf l'histoire d'amour, il n'y a jamais d'histoire d'amour chez Lovecraft).

Des plans qui apportent le fantastique au film.

Avec la participation du rat *de La Maison de la sorcière* Brown Jenkin.

Il y a même du Clive Barker dans ce film.

Angel Heart – Aux Portes de l'enfer d'Alan Parker (1987)

Je me suis finalement forcé à voir ce film qui ne me disait rien qui vaille. Et mon intuition s'est avérée juste. Il y a beaucoup de ventilateurs filmés à contre-jour et aussi un ascenseur pour descendre en enfer.

Ce film est vaseux. Mickey Rourke en détective privé est mauvais. Robert de Niro est absolument cabotin, et le scénario est … vaseux. Oui, le jeu de mots est faible, ok, puisque la moitié du film s'enlise dans les vases des bayous de la Nouvelle-Orléans.

Mais quel ennui avec cette histoire de pacte – oublié - avec le diable, pacte que ce dernier va faire revenir à la mémoire de l'intéressé avec ses méthodes des plus cruelles.

Une petite citation : *"Il y a assez de religions pour se haïr, pas assez pour s'aimer"*. Une petite déclaration de Louis Cyphre… (En anglais ça se prononce comme Lucifer…)

Beetlejuice de Tim Burton (1988), aventures grotesques de gentils fantômes. Les fantômes n'ont jamais été aussi drôles ! Génial ! Le macabre à la portée des enfants. Oui ! Il y a une vie après la mort. Et les agissements maladroits de nos deux sympathiques fantômes risquent de le révéler. Les transformations physiques, terrifiantes en d'autres lieux, sont ici hilarantes. Sauf la scène de l'exorcisme qui est particulièrement effrayante. Il fallait bien prendre la Mort un peu au sérieux. Le film *La*

Nuit des morts-vivants est cité. Une série de dessins animés s'est inspirée du personnage.

La Sorcière du glacier de Gudny Halldors-dottir (1989). Film islandais délirant sur une légende de ce rude pays Viking. Basé essentiellement sur les dialogues. Peut-être pas toujours accessible au commun des mortels qui n'est pas islandais, mais assez intéressant.

Mr Frost de Philippe Setbon (1990), affrontement entre une jeune femme psychiatre et son malade à la personnalité très très forte. C'est normal, il est le diable ! Glaciale interprétation du diable par Jeff Goldblum.

Hiruko de Shinya Tsukamoto (1990). Il ne s'agit pas vraiment d'araignées, mais de démons avec de sales pattes qui décapitent leurs victimes pour n'en faire qu'à leur tête. En quelque sorte, une espèce de *S.O.S. fantômes japonais*... Un film délirant comme seuls savent le faire les Japonais !

Warlock de Steve Miner (1991), le diable, toujours le diable ! Sur le mode gore. Il y a une suite : *Warlock 2 (The Armageddon)* d'Anthony Hickox (1993).

Simple Mortel de Pierre Jolivet (1991). Voilà un bon film fantastique français ! Une belle histoire pleine de mystères non résolus et d'angoisse. Un pacte avec le « diable » ou ce qui en tient lieu dans cette histoire. Un

« simple mortel » face à un contrat aux conséquences incommensurables. Il n'est pas bon être spécialiste en gaélique ancien... Enfin, autre morale de cette histoire : ceux qui font des méchancetés le font parfois par amour de l'humanité...

Hocus Pocus : les trois sorcières de Kenny Ortega (1993). Waltdysniaiserie amusante...

The Prophecy de Gregory Widen (1995)
C'est la guerre entre les Anges dans les cieux. C'est écrit dans le chapitre 23 de Jean, chapitre qui n'existe pas dans les Évangiles connus. Ce chapitre est présent dans une bible du 2ème siècle trouvée sur le cadavre d'Uziel, l'Ange au service de Gabriel.
Ce dernier est à la recherche d'une âme d'un défunt. Car, comme le dira Lucifer plus tard dans le film, les âmes des défunts ne peuvent accéder au ciel tant que la guerre y fera rage. Elles restent donc sur Terre.
Le flic Thomas qui a failli être prêtre (et qui connaît donc parfaitement les Écritures) est sur ses traces, au départ sans savoir de qui il s'agit. Il y a aussi une jolie institutrice, il faut toujours insérer une histoire d'amour sinon le film ne plaît pas.
L'âme appartient au colonel défunt Arnold Hawthorne, militaire psychotique et hanté par le Mal. C'est une âme ignoble !
Dans notre vie réelle, pas celle du film, « Hawthorne » c'est le nom du juge qui a condamné à mort les sorcières de Salem. Dont le

descendant est l'écrivain Nathaniel Hawthorne, dont les œuvres sont imprégnées de la culpabilité de l'action de son ancêtre...

Gabriel fait renaître un mort pour se faire un serviteur. Il est donc toujours accompagné d'un zombie.

Cet Ange Gabriel est ignoble, car il n'aime pas les humains, il en est jaloux et les appelle les singes parlant. Mais les desseins de Dieu sont impénétrables...

Il y a une belle brochette de bons acteurs : Christopher Walken, Viggo Mortensen, Eric Stolz...

Un film très chouette.

Il va avoir de nombreuses suites jusqu'au numéro 5 !

Le Jour de la bête de Alex De La Iglesia (1995), comment on finit par croire en ce que l'on veut croire parce qu'on en voit toutes sortes de signes dans la réalité concrète. Ici, en l'occurrence, un brave curé a décrypté l'apocalypse de saint Jean et croit avoir compris qu'il annonce la prise du pouvoir par le diable (l'antéchrist) la nuit de Noël 1995 (heureusement que la date est passée !). Pour l'empêcher, il doit absolument prendre contact avec le démon et donc faire un pacte avec lui en devenant lui-même apôtre du Mal. La religion est ici bien utile pour justifier des actes horribles. La religion, ou la notoriété à la télévision, ou même, simplement, l'argent. Hard rock et Heavy metal, massacre des SDF par des commandos fascistes, télévision à la Berlusconi (comment la télé peut faire croire ce qu'elle veut à celui – le curé – qui la regarde pour la première fois), hold-up sanglant : le diable est à tous les coins de rue, il n'attend pas une date précise, il a déjà pris le pouvoir !

Dangereuse alliance de Andrew Fleming (1996), quatre belles jeunes filles font une alliance avec le diable. Grâce à l'occultisme, elles réussiront à obtenir ce qu'elles veulent. Le mythe de Faust revisité à l'époque moderne. Lorsque les filles descendent du car et que le chauffeur les met en garde contre les « *barjos* » qui traînent dans la campagne, elles répondent : « *C'est nous les barjes* ». Ces filles font peur à tout le monde, car elles ne vivent pas comme tout le monde. Elles cultivent trop leur différence jusqu'à une *Dangereuse alliance...*

Le Cavalier du diable de Ernest Dickerson (1996). Le diable et ses monstres dans une maison isolée. Respecte bien mieux l'esprit de la série avec, malgré le grand guignol, un peu d'intrigue...

The Prophecy 2 de Greg Spence (1997)
Gabriel revient des enfers appelé par Lucifer. Fallait bien trouver un moyen de le faire revenir.
Thomas, le détective du film précédent, devenu moine, est cramé par l'archange.
Daniel séduit Valérie et lui fait l'amour à la demande de Michael (l'archange, il y a une de

ces hiérarchies chez les Anges !) pour engendrer le Nephelem, enfant de l'Ange et de la femme, c'est lui qui mettra fin à la guerre entre les Anges. Mais Gabriel ne l'entend pas ainsi.

Et toujours la tristesse du zombie qui n'aspire qu'à mourir.

Il y a le même médecin légiste que dans Prophecy 1 et la fille joue très mal.

Le paradis ressemble à une raffinerie désaffectée. Gabriel joue avec un talkie-walkie, mais il ne sait pas à quoi ça sert. Pourtant il le saint des transmissions ! Joli clin d'oeil non ?

Tout cela est tiré par les cheveux.

Un Amour de sorcière de René Manzor (1997), Jeanne Moreau en vieille sorcière a su rester charmante et Vanessa Paradis n'est pas trop mauvaise pour ce premier grand rôle. L'amour a toujours raison du mal...

Spawn de Mark A.Z. Dippé (1997), personnage inspiré du Comic book dont le dessinateur Tod Mac Farlane a su tracer les ambiguïtés propres au genre fantastique. Le dessin animé qui a été réalisé auparavant est un chef-d'œuvre (il est disponible en DVD). Le film, lui, ne fait pas l'unanimité, loin de là. Après Faust, le pacte avec le diable peut-il encore gêner quelques puritains ? On a affaire ici à une superbe fresque gothique au cœur des quartiers abandonnés de New York qui sert de décor à une monstrueuse machination politique qui a pour but de livrer la terre à l'armageddon (on voit que Luc Besson n'a rien inventé...). Bon. Cela peut agacer, comme les superbes effets spéciaux des combats en enfer... Mais ce qui me paraît intéressant, c'est ce que l'on retrouve du dessin animé : une manière de filmer décalée, des plongées et contre-plongées et, surtout, la nature du personnage. C'est un justicier qui a fait un mauvais choix dans un but de bonheur personnel (comme Faust...), mais qui peut se racheter en faisant d'autres choix ultérieurs. Mais, l'affaire n'est jamais réglée, il faudra toujours passer d'un choix à l'autre : c'est dur la vie !

Le Témoin du mal de Gregory Hoblit (1997). Le héros principal de ce film est le groupe des Rolling Stones puisque le film commence avec leur chanson *Time Is on my side* et se termine par *Sympathy for the devil*... Ce film brode sur la terreur de la possession qui se transmet par simple attouchement... La scène du commissariat dans laquelle tous les flics se transmettent le démon en fredonnant la chanson des Stones est stupéfiante. Le film policier est un genre qui s'essouffle. Il appelle le genre fantastique à la rescousse. Cela a déjà donné des chefs-d'œuvre comme *Seven* (1995) de David Fincher et surtout, *Le Silence des agneaux* (1990) de Jonathan Demme. Comme quoi, non seulement le fantastique n'est pas mort, mais il vole à la rescousse d'autres genres. *Le Témoin du mal* ne s'en cache pas puisqu'il se réfère explicitement à *La Maison du diable* (1963) de Robert Wise et à *Freaks* (1932) de

Tod Browning, films dont on aperçoit des extraits à la télévision que regarde le jeune neveu du flic. Ces références sont explicites, car *La Maison du diable* inspire la terreur par le son, et *Freaks* par l'image. Or Hoblit utilise bien ces deux composantes essentielles du cinéma : les voix des personnes possédées interpellent le spectateur sur l'apparence qui contrarie la réalité de même que les instructions laissées par le tueur sur les lieux du crime notent la nécessité de regarder pour comprendre : « *Look in mirror* » et « *Look !* » (« *Regarde dans le miroir* » et « *regarde* »). Un film bien plus intéressant que certains critiques ne l'ont perçu, car ils n'ont pas réussi à le comprendre... D'autant plus intéressant que le démon y déstabilise complètement la société et la fin, qui enfonce le clou de la tromperie de la voix (donc du son) et de l'image, dérange le spectateur. Quant aux soi-disant débats théologiques, se pourrait-il qu'ils ennuient certains critiques d'une revue de télévision bien connue ?

Wishmaster de Robert Kurtzman (1997). Robert Kurtzman a fondé l'atelier KNB avec Greg Nicoreto et Howard Berger. Il a réalisé les effets spéciaux de *Evil Dead 2* (1987) de Sam Raimi et *Les Griffes de la nuit (Freddy 3)* (1987) de Chuck Russel, puis KNB sera dans le coup de *L'antre de la folie* (1994) de John Carpenter, *L'armée des ténèbres* (1993) de Sam Raimi, *Une Nuit en enfer* (1996) de Robert Rodriguez et *Vampires* (1997) de John Carpenter.

Il n'est donc pas étonnant que ce film (*Wishmaster*) soit truffé d'effets spéciaux de très grande qualité qui en font une œuvre intéressante. Un tel film est toujours vu par nombre de critiques avec des yeux de pisse-vinaigre. C'est dommage. Ainsi, par exemple, lors de sa sortie en 1968, *La Nuit des morts-vivants* (George Romero) était classé dans le fin fond des séries B. aujourd'hui, personne n'ose nier que c'est un chef-d'œuvre. Autre exemple. Voici ce qu'écrivait Aurélien Ferenczi dans Télérama à propos de *L'antre de la folie* (1994) de John Carpenter : « *... le scénario se prend vite les pieds dans des complications inutiles... Une fois de plus Carpenter ne tient pas ses promesses.* » Le film n'a même pas droit à un seul T de cotation ! En juin 1998, une autre chaîne de télé diffuse le même film. Entre temps, la cinémathèque a rendu hommage à John Carpenter (voir ci-dessus la critique du film *Vampires*), alors... Télérama a bien pris la précaution de ne pas reprendre la même critique comme elle le fait souvent. C'est donc Jacques Morice qui écrit : « *On ne dira jamais assez combien Carpenter sait faire rimer fantastique et poésie visuelle.* » Et le film est coté avec deux T ! Je pourrais répéter à l'infini ce type de citation avec la manière dont les critiques traitent, autre exemple, un cinéaste comme Dario Argento...

Alors, fort de cette petite leçon de modestie pour les critiques, ne faites pas confiance à ceux qui critiquent un film fantastique, car souvent, ce film les dérange. Allez le voir pour juger vous-même ! *Wishmaster* est intéressant à plus d'un titre, en mettant de côté les quelques maladresses de mise en scène et de montage. D'abord, le thème traité : celui du djinn. Les incarnations du mal prennent différentes formes dans le folklore des peuples. Cette forme, ils la leur donnent en fonction de leur histoire, de leur religion, de leurs peurs intimes. Le djinn est un esprit de l'air inventé par les Arabes. Il est parfois malfaisant, mais aussi parfois bienfaisant. Souvent (et c'est le cas dans ce film) on confond les djinns avec les shayâtîn qui sont les démons de l'islam. Comme eux, les djinns ont été créés à partir du feu par Allah. Ils ont le don d'être partout, d'« *écouter aux portes du ciel* » (Coran XV, 18). Voilà donc un diable original chez nous et que bien peu d'auteurs ou de cinéastes ont mis en scène en occident, contrairement aux pays arabes, tels l'Égypte. « *Les contes anciens sont bien plus noirs* », déclare le djinn qui a pris l'apparence de l'héroïne du film.

Un grand écrivain anglais (et non pas américain comme beaucoup le croient, car il met toujours en scène ses histoires aux États-Unis...) l'a fait : Graham Masterton avec *Le Djinn* (19977). Cet auteur génial écrit des histoires inspirées des mythes et légendes. Et, justement, je trouve que le film *Wishmaster* emprunte beaucoup à son œuvre. En m'excusant de me citer, voici ce que j'écrivais dans le numéro 38 de la revue Phénix : « *Les romans de Masterton sont tous construits de la même manière, basés sur un thème émi- nemment fantastique, celui de l'apparition de créatures, d'entités, de démons venus d'ailleurs [...] Ainsi, un objet [...] devient le siège d'un démon qui peut ouvrir les portes de l'au-delà. »* Ici, c'est bien le thème central du film *Wishmaster*. Et ce n'est pas tout. Chez Masterton, devant les manifestations inexpli- cables du démon, le héros rencontre un érudit qui lui donne des pistes et une bibliographie pour comprendre. C'est le cas aussi dans le film. Le scénariste Peter Atkins avait-il lu les œuvres complètes de Masterton ?

Wes Craven, qui avait su apprécier les dons d'artiste maquilleur de Kurtzman a produit son film. Ce dernier, en hommage aux films fan- tastiques a embauché une série d'acteurs ayant joué le rôle principal dans un film my- thique : Robert Englund d'abord, le comédien qui a joué *Freddy*, Tony Todd dans *Candyman* (1992) de Bernard Rose, Reggie Banister pour *Phantasm* (1979) de Don Coscarelli et Kane Hodder pour *Vendredi 13* (1980) de Sean S. Cunningham.

Comme dans les romans de Masterton, le film commence sur les chapeaux de roues avec une scène terrifiante en Perse au douzième siècle. Il y a un laboratoire ce qui mêle dans l'esprit du spectateur science et occultisme et le djinn est délivré par un laser utilisé pour tenter d'analyser l'objet qui le tient prisonnier (une énorme pierre précieuse...) Le djinn est une créature qui se nourrit des vœux des humains. Il les satisfait à sa manière qui est très cruelle. Le débat entre la rationalité et l'irrationalité, classique dans ce genre d'histoire, est vite clos aux dépens de la première, car, de nos jours, *« Il n'y a plus de charmes, plus d'espoirs, plus de magie... »* Le djinn, lui, représente le désespoir. Et alors, les statues se mettent en marche et Jack l'Éventreur sort de son tableau. Gare !

La suite : *Wishmaster 2* de Jack Sholder (1998) est encore mieux ! Ce qui n'est pas la cas de *Wishmaster 3* de Chris Angel (2001) qui se laisse néanmoins regarder... Et il y a aussi un *Wishmaster 4* de Chris Angel également ! Ces séquelles sont un peu plus portées sur le sexe...

Ring de Hideo Nakata (1998). Il a fallu attendre avril 2001 pour voir ce film en France. Comment dire ? Peut-être *Blair Witch* filmé comme aurait filmé Chris Marker ? Autre originalité : les deux objets maléfiques sont la télévision et le téléphone. Pour le téléphone on avait déjà eu beaucoup de développements après le sketch *Le Téléphone* dans *Les Trois visages de la peur* de Mario Bava. Pour la télévision, David Cronenberg avait inauguré avec *Videodrome*, mais peu ont suivi. Ainsi, on peut dire (surtout que *Ring* a eu deux séquelles) que ces deux objets deviennent les deux objets de la terreur moderne. Quant au film lui-même, si Télérama dit que c'est bien, France-Info aussi, et là je me méfie. Mais, je l'ai trouvé pas mal. Loin d'être le chef-d'œuvre que certains ont dit. C'est vrai qu'il inspire une certaine crainte sans grands effets spéciaux. Mais de là à l'interdire aux moins de douze ans... Si vous voulez avoir vraiment peur, allez voir *L'exorciste* ! Deux séquelles : *Ring 2* de Hideo Nakata et *Ring 0* de Norio Tsuruta (2000).

La Cité des anges de Brad Siberling (1998)
Remake du film *Les Ailes du désir* de Wim Wenders (1986).
Un ange a envie de toucher une belle blonde. C'est tout !

Les Ensorceleuses de Griffin Dunne (1998).
Ce film vaut par le charme des deux actrices. Au début on s'ennuie puis on se prend de passion pour les problèmes des deux charmantes sorcières...

La Main qui tue de Rodman Flender (1998). Il y a eu *Les Mains d'Orlac* (plusieurs versions – voir ci-dessus) tiré du roman de Maurice Renard, *La Bête aux cinq doigts* avec le génial Peter Lorre, la "chose" de *La Famille Addams* et la main du martien dans *Mars Attacks !*.Cette fois, c'est *la main qui tue*, une autre variété de films d'horreur avec des adolescents... Ah oui ! J'oubliais, il y a eu aussi la main dans *Evil Dead 2*. En fallait-il une de plus ? Car ici on fait de la morale : une main c'est fait pour travailler, pas seulement pour se branler, fumer des joints et appuyer sur les boutons de la télécommande. Sinon le diable s'en mêle ! Et la musique de Rob Zombie...

Possessed de Anders Ronnow-Klarlund (1999). Encore une histoire de fin de millénaire, allez-vous dire. Eh oui, mais... Lars von Triers m'a toujours agacé, mais là, son école "danoise" fait mouche. Cela s'appelle filmer ! Les gros plans, le clair-obscur (cette « *obscure clarté* »), le montage. Formidable ! L'histoire n'a rien inventé, mais le cinéaste si !

The Prophecy 3 de Patrick Lussier (1999)
Ça commence comme dans un épisode de X-files, d'ailleurs avec un acteur qu'on a vu dans cette série... Le personnage en question assassine un très jeune prédicateur qui fustige... Dieu lui-même !
Le corps arrive à la morgue où se trouve toujours le même médecin légiste.
C'est Daniel, l'enfant de Valérie et de l'Ange Daniel qui a été assassiné.
Pendant le générique (il faut bien suivre, car les scènes sont très courtes...) on a vu Valérie brûlée vive.
Ah ! ce Gabriel (L'Ange, bien sûr) toujours aussi impressionnant, superbement interprété par Christopher Walken. Même en clochard ! Et il a passé le permis de conduire.
Les anges rebelles recherchent le cœur de Daniel qui va, bien sûr, ressusciter.
Dans cet épisode ils l'appellent Nephalim...
Tout cela tourne en eau de boudin, c'est complètement invraisemblable, mais on se dit que

les desseins de Dieu sont impénétrables. Alors...
Donc ça se regarde.

La Neuvième porte de Roman Polanski (1999). Le film débute avec un superbe générique qui rappelle les jeux vidéo, par son graphisme et par le mouvement de la "caméra". D'ailleurs, tout le film est construit comme tel. Première question : a-t-on affaire à un nouveau détective de l'étrange ? Oui, d'abord, non, ensuite, oui de nouveau... Deuxième question : ces livres sont-ils réellement sataniques ? Mêmes réponses, mais ça commence par « non ». Troisième question : la fille étrange est-elle l'ange gardien du "détective" ? Mêmes réponses et ça commence par « oui »... Etc. Certains critiques ont fait la fine bouche et râlent de s'être ainsi laissés trimballer tout au long de ce scénario. Dean Corso (joué par le grand acteur Johnny Depp) joue aux morpions en utilisant des « *AT* » et des « *LCF* » au lieu des ronds et des croix. On sait tout de suite que, pour faire venir le diable, il faut trouver les neuf bons dessins signés « *LCF* ». Mais, bien sûr, on n'y croit pas, comme Corso n'y croit pas, lui... Alors ? D'ailleurs, cette recherche des erreurs dans deux dessins quasiment identiques fait penser aux jeux dans les livres d'enfants. Il y a une allusion au film *Chinatown* de Polanski, et deux Dupont et Dupond libraires espagnols. D'ailleurs ils m'ont fait penser à l'expression de ma jeunesse : « *une valise espagnole à* *poignée intérieure* ». (Pourquoi espagnole ?) Mais pas si cons que ça les deux jumeaux libraires... Après le *Necronomicon* nous avons les *Neuf portes*, et, comme le dit le satanique Boris Balkan (et comment faire croire au hasard d'avoir choisi un nom pareil ?) : « *Certains livres sont dangereux. À ne pas ouvrir impunément.* » Quant aux adeptes de sectes sataniques, « *de pauvres clowns* » comme le leur dit Boris, ils sont tout simplement des pleutres ! Ah que voilà un beau film sur les jeux d'enfants, les jeux vidéo, les jeux de rôle, les BD de Tintin, et les films de Dracula ! Sacré Polanski !

Dogma de Kevin Smith (1999). Deux anges renégats nous font bien rire. Décidément la théologie est à la mode en cette fin de siècle (ou début du suivant... c'est selon !) Et en plus, Dieu est une femme !

Le Projet Blair Witch de Eduardo Sanchez et Daniel Myrick (1999). Ah ! Voilà un film de génie ! Un procédé cinématographique pour raconter une histoire en dehors de toutes les normes vues jusqu'ici, en dehors, complètement en dehors de la "grande forme" et des codes hollywoodiens. Le film commence par un carton. Ça n'a l'air de rien, mais cela commence déjà à développer chez le spectateur une petite angoisse. Beaucoup d'ailleurs croient, à la fin du film, que c'est une histoire vraie ! On a affaire à des images en vidéo « amateur » et en film seize millimètres noir et blanc. Des personnes du cru nous parlent de forêt hantée d'un ermite qui a tué sept enfants... Et notre équipe part à la recherche de la sorcière de Blair en forêt. *« Et pourquoi tu filmes tout, les conversations comprises ? »* demande l'un des deux garçons à la fille. Le spectateur se le demande aussi. Une allusion au film *Délivrance*, des "messages" étranges laissés par on ne sait qui (tas de pierres, simulacres de corps pendus...) et ils se perdent dans la forêt... Petit à petit, ils sont saisis par l'horreur, surtout la nuit, car les sons (des cris humains, d'enfants et de leur compagnon disparu) sont entendus en *off* alors que l'image est complètement noire, car l'obscurité est complète dans la forêt. N'avez-vous jamais été vous promener la nuit dans la forêt ? Cela peut être terrifiant. Cela dépend de votre imagination... Soudain, le spectateur prend peur. Il ne sait pas pourquoi, la peur des personnages est partagée. Le gros plan sur une partie du visage de la jeune fille qui dit (entre autres) : *« J'ai peur de fermer les yeux et j'ai peur de les ouvrir... »* est stupéfiant ! À la fin, ils retrouvent la maison abandonnée, dont les murs portent les marques de petites mains d'enfants (voir le début...) et aussi la mort, puisque le carton du début nous apprend qu'ils ont disparu et que l'on a juste retrouvé le film que vous venez de voir... Un film étonnant et génial

La Fin des temps de Peter Hyams (1999). Peter Hyams est directeur de la photo de son propre film. Ça vaut le regard : la photo est superbe ! Voilà bien des aventures théologiques : le sang du serpent, une jeune femme appelée Christine. Bravo la poursuite ! Il y a aussi *« une crise de foi »*(!), un type qui tombe en morceaux, et il faut lire l'apocalypse : chapitre 20, verset 7. Ah ! mais quel fouteur de merde ce diable ! Il fait l'amour à la mère et à la fille en même temps (quel fantasme assouvi !) *« Un vrai publicitaire ! »* déclare un personnage... L'enquête est très bien filmée, l'intrigue très bien présentée. Le doute subsiste longtemps de savoir qui sont les bons et qui sont les méchants... Ma foi, Christine a été choisie. C'est pourquoi elle voit les damnés dans la pomme qu'elle a mordue : *« Moi aussi je l'ai vu ! »* s'exclame le bon Schwarzy... Ce dernier serait-il un ange ? Un prêtre déclare : *« La foi est un concept intéressant. »*

Sleepy Hollow de Tim Burton (1999). Je me suis précipité pour voir ce film de Tim Burton qui adapte la légende tirée d'une nouvelle de Washinton Irving *La Légende de Sleepy Hollow*. Pensez donc, il y a le sublime Johnny Depp, mais aussi les grands du fantastique : Martin Landau (très vite décapité), Christopher Lee (en juge arrogant), Christopher Walken aux dents très pointues ! L'hommage aux films dans lesquels ils ont joué est très clair. Les images et les décors expressionnistes ont ravivé mes souvenirs de cinéphile : *Le Loup-garou* (1941) de George Waggner – *L'homme invisible* (1933) de James Whale – la forêt des films de Dracula de la Hammer, etc. Le voyage vers l'horreur du début renvoie à *Dracula* et ses diverses versions. Johnny Depp, un acteur qui ne cherche pas à soigner son image, mais seulement à faire correctement son travail, campe magistralement un détective de l'étrange qui représente le rationnel dans une histoire qui ne l'est pas du tout ! Il est d'ailleurs ridicule avec ses instruments d'investigation scientifique. S'il finit par avoir raison, c'est aussi l'irrationnel qui l'emportera à la fin. Mais son problème, c'est le jeune gar-çon qui le définit en lui disant : « *Vous êtes possédé par la raison.* » « *Les apparences sont trompeuses* », dit-il en faisant tourner son image qui crée l'illusion d'optique d'un oi-seau en cage. Et, puis, reviennent ses rêves terrifiants, plutôt des souvenirs de l'horrible assassinat de sa mère par son père, avec une "vierge de Nuremberg". La terreur qui monte de notre inconscient est-elle si irrationnelle que cela ? Il y a aussi une sorcière excellente, la sœur de la marâtre, inévitable belle-mère des contes de fées, un arbre qui saigne, « *passage, porte entre deux mondes* ». Un seul défaut : l'explication laborieuse enlève tout le mystère bien avant la fin, qui devient tout simplement et brutalement une affaire d'enquête policière.

Holocauste 2000 d'Alberto De Martino (1977). Les Italiens se sont spécialisés dans le pillage des scénarios des films d'horreur américains en leur donnant d'ailleurs une belle originalité. C'est le cas ici avec une séquelle de *Damien, la malédiction*. On apprend dans ce film que 2v231 est le reflet dans un miroir du mot IESVS (Soit Jesus en latin, en sachant que le « U » est un « V » dans cette langue). Autrement on s'ennuie un peu, mais c'est pas si mal comme histoire d'antéchrist et d'armageddon...

L'Élue de Chuck Russel (2000). Chuck Russel a fait ses débuts dans le cinéma d'horreur avec notamment un *Freddy* (le troisième) : *Les griffes du cauchemar* (1987). L'Église catholique est omniprésente dans le cinéma fantastique de cette fin de millénaire. Comme le satanisme. Ceci dit, ce film est très bien tourné : on ne s'ennuie jamais.

Les Âmes perdues de Janusz Kaminski (2000). Diable ! Je suis sorti de ce film un peu déçu. Pourquoi ? À cause du scénario pas très original sauf la fin. Mais en fin de compte ce film est un très bon film. C'est un hommage à l'expressionnisme. D'ailleurs de plus en plus de cinéastes utilisent une photo qui frise le noir et blanc. Ici cette nouvelle mode réussit bien, alliée aux très gros plans et aux grands travellings. Une nouvelle contradiction ajoutée à celle de l'ombre et de la lumière. « *Satan est le maître de l'entropie* » déclare un prêtre catholique. La scène du Christ qui pivote de sa croix pour tomber tête en bas est saisissante. La scène de l'exorcisme est un hommage direct au *Nosferatu* de Murnau

Cubbyhouse de Murray Fahay (2001). Un hommage à *Evil Dead* de Sam Raimi avec la cabane dans le jardin, la tronçonneuse et l'entité qui rase les herbes folles... Et aussi à *Poltergeist* avec le lotissement... Comment les démons rendent les enfants méchants. Et seulement eux...

Unknown Beyond d'Ivan Zuccon (2001)
Maelstrom : il Figlio Dell'Altrove,
La suite de *L'Altrove* (2000) du même réalisateur. Un film post apocalyptique. Le monde est dominé par les Anciens. Quelques êtres humains tentent de résister. Certains d'entre eux partent à la recherche du Necronomicon qui doit leur donner la solution pour se débarrasser des Anciens. Ivan Zuccon se donne toujours beaucoup de mal pour tourner ses films. Il ne se laisse pas arrêter par le manque de moyens. Il y va ! Et ses films ne sont jamais nuls. Il a même réalisé de très bons comme *Colour from the Dark* ou *The Shunned House*.
Ici on est vraiment dans l'ambiance lovecraftienne. Avec les noms de personnages des récits de Lovecraft comme Carter ou Pickman, et le personnage de la sorcière Keziah.
L'hommage à Sergio Leone à la fin, au moment du duel au pistolet entre le Bien et le Mal, est mis en avant par quelques notes de la

musique d'Ennio Morricone du film *Le Bon, la Brute et le Truand*...
On l'aime bien cet Yvan Zuccon !

Long Time Dead de Marcus Adams (2001). Une histoire de djinn. Ce démon arabe dont on sait peu de choses a été peu utilisé dans la mythologie du cinéma fantastique. On connaît la série des *Wishmaster* (Du 1 au 4) dans lesquels le djinn est un démon qui satisfait vos souhaits, mais pas comme vous l'entendiez, mais comme il l'entend, lui...
Ici ce démon a été appelé lors d'une séance de spiritisme et tue à tour de bras les pauvres participants. Il y a du suspens basé le mécanisme classique des films d'horreur avec tueur en série. Cela fonctionne très bien. Un excellent film.
En ce qui concerne le djinn j'ai lu deux romans qui s'en inspirent et qui valent la lecture : *Le Djinn* de Graham Masterton (1977) et *Les Puissances de l'invisible* de Tim Powers (2001).

Harry Potter à l'école des sorciers de Chris Colombus (2001) et, **Harry Potter et la chambre des secrets** du même (2002). Autant le premier opus m'a enchanté par les mystères, l'horreur et la joie, autant ce deuxième opus m'a complètement ennuyé ! Au fond on a l'impression de revoir toujours la même histoire de tueur en série dans un lycée anglo-saxon... Pas très original. Quant aux monstres : araignées et serpent géants, idem...

Bloody Mallory de Julien Magnat (2002). Un VRAI film de série Z. Oui, tourné comme tel. Pas mal du tout. Une anthologie des histoires fantastiques : le Necronomicon, l'exorciste, le village des damnés. On aperçoit les portraits de quelques grands écrivains de fantastiques dont les grands Lovecraft et Poe. Avec des tas d'hommages à Carpenter : *Vampires*, *Le Village des damnés* et surtout *L'antre de la folie*... Le transsexuel me rappelle quelque chose, mais je ne sais plus quoi. Je parierais pour *Dobermannn*...

L'Échine du diable de Guillermo del Toro (2002). Les lendemains ne chanteront pas, mais la lutte reste indispensable ! Quelle atmosphère dans cet orphelinat pour enfants des combattants "rouges" morts à la guerre d'Espagne. Le fantôme de la maladie infantile du communisme prend sa revanche. Ou plutôt n'est-ce pas le spectre du communisme lui-même ? On craint de s'ennuyer, mais on reste scotché ! Le réalisateur (qui est Mexicain et non pas Espagnol comme le film...) dédie ce film à son père. Mais pourquoi la bombe n'a pas explosé ? Le prologue du bombardement est impressionnant. Le réalisateur joue sur le mensonge du cinéma qui réussit à faire croire ce qui n'est pas en montrant que ce qu'il veut. La magie du montage et du plan !

Fausto 5.0 d'Alex Olle et Isidore Ortiz et Carlos Padrissa (2002). Quel beau film sur la mort et comment la repousser le plus loin possible dans le temps ! Toutes les critiques que j'ai lues privilégient le pacte avec le diable. Mais l'ange déchu n'est jamais nommé et même jamais indiqué. Le personnage qui devrait le représenter est bien plus ambigu. Bien que la musique *Métal* renvoie à son image de violence. La mort est présente du début à la fin. Les premières images des équipes qui nettoient le train sont fantasmagoriques et le premier plan montre une libellule écrasée sur un des phares de la locomotive. Puis, à l'arrivée du train, un ouvrier arrache la moitié du corps d'un chien du bouclier protecteur avant de la machine. La scène de l'autopsie dans l'amphi est terrible, car montrée deux fois : par l'image de la caméra qui tourne le film et par le grand écran situé derrière le docteur. C'est un film difficile, car le montage n'est pas linéaire, il est adroitement réalisé pour une narration en spirale... Il y a un poisson dans l'eau des WC... Le docteur hésite devant trois portes des... WC. L'humour est noir, très noir... Et puis il y a ces rues désolées de l'industrie en ruines de Badalona, la banlieue de Barcelone. Ce fantastique gothique, dont le décor n'est plus constitué par les abbayes, mais par les rues sordides de nos pays modernes. Si le « diable » ne lui avait pas montré les plaisirs de la vie, il serait mort. Était-ce le diable ou la Mort ?

Wishmaster 4 La Prophétie de Chris Angel, que je n'avais pas vu lors de la publication de mon livre (2002)

Eh bien ça commence par une scène de sexe. Diable oblige... Puis c'est une laborieuse histoire de mal vivre dans un couple, car l'homme est paralysé des jambes suite à un accident et le Wishmaster interfère avec ses vœux, ou du moins les vœux de ses victimes qu'il doit exaucer.

La fille n'est pas très jolie, les hommes sont bellâtres. Comme dans tous les films de série B.

Et à la fin le Wishmaster ne peut pas exaucer le troisième vœu qui ouvrirait les portes de l'entre-deux mondes où se trouvent les Djinns...

On finit par s'ennuyer, le sang coule trop fort, les trucages sont mauvais, et voilà.... Un Wishmaster de trop?

Pour les trois précédents voir mon livre « Un siècle de cinéma fantastique et de SF » éditions Le Manuscrit 2004...

The Shunned House d'Yvan Zuccon (2003)

Ce film italien dont les dialogues sont en anglais est une adaptation des trois nouvelles de Lovecraft mélangées en une seule histoire.

La Musique d'Erich Zann (1922) – La Maison maudite (1924) – La Maison de la sorcière (1933).

Les deux premières sont des œuvres mineures de Lovecraft.

Le film est très lent et un peu ennuyeux. Mais l'ambiance délétère des histoires de Lovecraft est bien rendue. Ça se passe donc dans une maison où les morts violentes se sont succédé tout au long de son histoire (ça c'est *La Maison maudite*) et dans laquelle sévit une sorcière qui entraîne un locataire à sacrifier des nouveau-nés (ça c'est *La Maison de la sorcière*) et il a donc été rajouté une violoniste maudite parmi les locataires (ça c'est *La Musique d'Erich Zann*).

Dommage, ce cocktail rend le film difficile à suivre. Sans doute a-t-il servi d'entraînement au réalisateur pour faire le magnifique *Colour from the Dark* (voir ci-dessus)

Une scène coupée du film reprend pourtant la fin de la nouvelle de Lovecraft *La Maison maudite* quand le personnage verse des bidons d'acide sur l'entité démoniaque.

Le Purificateur de Brian Helgeland (2003). Un thriller théologique et un complot au Vatican. Bien qu'athée j'adore ces histoires. Presque tout le monde a trouvé ce film mauvais, moi je ne sais pas... J'ai assez aimé ces deux prêtres destroy. Comme je n'ai pas compris si le diable est dans le coup je n'ai pas mis ce film dans la filmo du diable.

SkeletonMan de Johnny Martin (2004) J'ai regardé la version anglaise. Un squelette, à cheval, vêtu d'un vaste manteau noir à capuche sème la terreur parmi un commando chargé de l'éliminer. Un film complètement mal foutu. Mal monté. On se demande parfois ce que certains plans viennent faire dans l'histoire. Les lieux changent soudain brutalement, etc. Il y a de quoi rire ! Vu la carrière du réalisateur, j'imagine que le tournage et le financement de ce film ont dû rencontrer beaucoup de problèmes.

En prologue le SkeletonMan est apparu dans le laboratoire d'un archéologue qu'il a sauvagement exécuté. Soudain SkeletonMan sévit aussi dans une base militaire.

Il y a du monde au départ dans le commando. Un bon gisement de futures victimes. Avec des très jolies filles qui n'ont pas froid aux yeux. Les mises à mort sont faciles. Parfois assez éprouvantes.

On passe brutalement sur une autre scène : dans un camp indien, un sorcier tue beaucoup de monde et endosse la cape noire à capuche avant d'être lui-même tué.

La boussole s'affole et le commando a repéré SkeletonMan et s'apprête à l'assaut. Mais ça va encore durer longtemps.

La forêt est épaisse. Lors d'une scène, on voit flotter des « cotons » de peupliers ce qui suggère une forêt fluviale. Ce ne sera plus le cas ensuite. Donc les tournages ont dû avoir lieu dans des endroits différents. En sachant que tous les films de cette série ont été tournés en Bulgarie.

L'intrigue tourne en rond. Parfois la caméra est subjective : le ,spectateur voit ce que SkeletonMan voit.

Soudain, un des soldats se trouve en milieu plus urbain, vole un camion-citerne (pour quoi faire ?) et SkeletonMan crée un accident. Je n'ai pas compté les morts, mais à 45 minutes de film, il y en a beaucoup.

C'est sans doute pourquoi ils ont ajouté deux autres personnages vite exécutés : des braconniers.

Ah voilà un hélicoptère civil. Mais SkeletonMan a un arc et tue les chasseurs présents dans l'hélicoptère et échappe à ses assaillants. Et... d'un coup de flèche il abat l'hélicoptère ! Nooon ? Siii ! Un blessé grave est soigné. Souvenirs de guerre.

Skeleton chevauche et les soldats tirent sur lui des milliers de balles sans aucun effet.

C'est dur la progression dans cette nature hostile... Le chef du commando découvre le cadavre d'un de ses hommes. Je crois comprendre que c'est le voleur de camion.

Mitraillage, mitraillage, chevauchée de SkeletonMan. On s'ennuie.

Ils ne sont plus que deux : le chef et la blonde. Le paysage et le climat ont changé ! La végétation aussi. Duel entre SkeletonMan et la blonde guerrière. Ils insèrent un plan qui montre un aigle en gros plan qui plane... Ils ont posé des mines qui explosent, mais SkeletonMan est invulnérable.

Un établissement industriel. SkeletonMan y pénètre. Il tue un pauvre ouvrier et continue de massacrer. SkeletonMan fait sauter des parties de l'usine. Le chef du commando récupère la blonde blessée. Il ne reste plus que lui !

La police arrive en force. Mais le chef dit que c'est l'affaire de l'armée des États-Unis d'Amérique ! C'est donc son affaire ! Il demande une arme et pénètre seul dans l'usine dont le sol est jonché de cadavres. Skeleton-Man a toujours le dessus, mais le militaire US lui prépare un gros piège avec explosion gigantesque qui aura raison de lui.

Les Rivières pourpres 2 d'Olivier Dahan (2004)

Luc Besson annoncé au scénario.

Désolé de ne pas avoir chroniqué l'épisode précédent...

J'aime bien ces mouvements de caméra, ces changements de plan. Jolie bagarre genre film de Kung Fu. Trois flics déjantés et un peu cons. Tous les flics sont cons d'ailleurs sauf celui qui est interprété par Jean Reno, toujours aussi excellent. La course poursuite est ahurissante. Ensuite, on visite la ligne Maginot après avoir vu le Christ mourir à l'hôpital. Enfin, un type qui ressemble au Christ. Il y a des plans en contre-plongée sur le ciel, le soleil et les nuages. Fantastique la ligne Maginot.

« Les sceaux seront brisés pour le jugement dernier. » Apocalypse selon Saint Jean.

Des cadavres de corps horriblement mutilés. Des plans vus d'hélicoptère.

Les apôtres, enfin des hommes qui portent leur nom et exercent la même profession, se font descendre un par un.

Christopher Lee est superbe ! Comme le film, il est superbe aussi.

L'Exorcisme d'Emily Rose de Scott Derrickson (2004). Un grand film. C'est l'opposé de *L'exorciste* de Friedkin. Pourtant la tension est grande. On se prend d'affection pour la victime et pour le prêtre... Le cas de conscience de l'avocate est vraiment très humain. Une étude sociologique et dramatique de phénomènes de "possession" que la justice a beaucoup de mal à traiter...

Constantine de Francis Lawrence (2004). John Constantine est un chasseur d'hybrides, des créatures mi-hommes mi-démons. Chacun doit rester dans son univers : les anges au ciel, les démons en enfer et les humains sur terre. Comme dans toutes ces histoires, Constantine devra empêcher le fils de Lucifer de venir dans notre univers. Tout commence avec la découverte (par hasard ?) de la lance qui a tué le christ sur la croix. C'est ce que la légende appelle la Lance du destin.
Le cinéaste joue beaucoup sur la plongée et la contre-plongée. Chacune a son symbole. La contre-plongée sur le mégot de cigarette que Constantine laisse tomber au sol par la fenêtre de la voiture est tout un symbole, car on saura plus tard qu'il est condamné par le cancer du poumon, ce qui contribue à montrer au spectateur le côté humain et vulnérable du personnage. La scène de l'exorcisme est très bien faite et originale avec l'emprisonnement du

démon dans le miroir. La contre-plongée signifie la mort, comme celle de la chute d'Isabelle. L'eau joue un rôle central dans cette histoire, elle est toujours et partout présente, elle sert à passer en enfer ! D'où les bombonnes d'eau empilées dans le bureau de Constantine... Une très belle contre-plongée sur une goutte d'eau qui tombe et qui reste suspendue en l'air indique le passage en enfer. Et la scène de l'arrosage anti incendie par de l'eau bénite est hallucinante. *L'eau est un conducteur universel* déclare Constantine.

Les effets spéciaux, assez discrets sont parfois surprenants comme la mouche qui sort de l'œil d'un personnage.

La vision de l'enfer est également assez sobre. L'ange Gabriel est le pivot de l'histoire et Lucifer (dit "Lulu"), tout habillé de blanc, nettoie le goudron des poumons de Constantine avec ses mains nues.

Les motivations de l'ange Gabriel ?

Il n'y a que face à l'horreur que vous les humains montrez la noblesse qui est en vous !

J'ai passé un excellent moment avec l'excellent Keanu Reeves.

Harry Potter et le prisonnier d'Azkaban de Alfonso Cuaron (2004). Qu'est-ce qui m'ennuie dans ces films? Eh bien c'est l'histoire. Elle est composée des pires clichés de la littérature : l'enfant orphelin avec des tuteurs odieux qui se réfugie dans le même milieu que ses parents. Tout cela est trempé dans une sauce fantastique, et c'est là tout l'art de l'écrivain, qui rend ainsi ces clichés encore plus crédibles. Cet enfant évidemment est un enfant surdoué, ou plutôt doué de pouvoirs qui le rendent bien plus "valable" que ces odieux tuteurs. Ceci dit le premier film bénéficiait d'une très belle réalisation et possédait les atouts de la surprise produite par les différents mondes de Harry et de sa tribu. Le deuxième nettement moins bien fait fut très décevant ! Vraiment ! on pouvait éviter de nous resservir le match sur les balais volants... Ce troisième est très bien réalisé, mais, une fois de plus comment faire un film d'horreur pour les enfants ? Ici rien ne fait peur. Introduire le loup-garou – personnage aussi ressassé (et tellement inutile) – dans l'intrigue peut donner à penser à une défaillance de l'imagination de la créatrice. Mais après tout, tout est comme cela dans l'histoire. Car qu'apporte-t-elle de nouveau dans le chaudron de l'imaginaire ? Rien, si ce n'est du rassis et du réchauffé... Mais cette histoire de famille, comme toutes les histoires de famille dans l'histoire de la littérature, plaît énormément ! Moi je m'ennuie...

The Prophecy 4 : Uprising de Joël Soisson (2004)
Dans un ancien pays communiste (on saura que c'est en Roumanie) : corruption et église orthodoxe.
Course poursuite sous la pluie. Et brusquement on est sous la neige (faute de raccord ?)

Un flic pourri pique l'argent d'un dealer. Il est contacté par un agent d'Interpol.

Pendant ce temps-là, dans un parc public, Belial se réincarne dans le corps d'une jeune fille bigote. Mais il changera de corps par la suite. On verra aussi Satan et Simon (qui conduit Allisson)

Un livre... le lexicon, est en train de s'écrire en lettre de feu pendant que le pope qui le lisait meurt d'une crise cardiaque. C'est un nouveau chapitre dicté par Dieu !

Sortir du communisme, ce n'est pas facile.

Ainsi, on apprend que le flic avait dénoncé ses parents à la Securitate (l'espèce de Gestapo des communistes roumains) parce qu'on lui avait dit à l'école que c'était bien de faire ça.

Allison, la sœur du flic (on la reconnaît à sa cicatrice) détient le lexicon...

Elle doit se rendre à la maison de l'horreur (à laquelle il ne manque que Jeffrey Combs) : l'ancien siège de la Gestapo, euh, pardon, du parti communiste et de la securitate. Cette *Maison de m'horreur* est une référence au film du même nom.

Ce film est une bonne série B. De celles qui sont tournées en Roumanie.

Il y a encore **The Prophecy 5 : Forsaken** de Joël Soisson (2005) que je n'ai pas vu...

L'exorciste au commencement de Renny Harlin (2004), raconte les premières expériences de rencontre avec le diable du prêtre exorciste. Il paraît que c'était Paul Schrader (réalisateur du remake assez raté de *La Fé-*

line) qui avait commencé à s'y mettre. Mais comme l'acteur Liam Neeson qui jouait le père Merrin dans le premier *Exorciste* a laissé tomber le film, Schrader s'en est allé avec lui. Harlin a donc pris la relève. Doit-on pour autant massacrer son film ? Pas du tout !

Le scénario reprend tous les ingrédients qui ont fait le succès du premier film (et aussi des suivants qui sont tous excellents) : le lieu maléfique et l'objet maléfique retrouvés grâce à des fouilles archéologiques, la possession, le doute du prêtre devant le diable et ses tentations, l'horreur de la transformation... Il rajoute d'autres ingrédients à la légende de Satan : le cimetière des pestiférés, la terre consacrée, les mouches et la menstruation. Et même une allusion à un cas véritable de "possession" celui de Loudun (mis en film par Ken Russel dans *Les Diables*). Et surtout ce qui fait la substance du lien entre ce genre d'histoire et le spectateur : la culpabilité, qui finit par avoir raison de la foi.

Le prologue est saisissant et stupéfiant. La scène des hyènes éprouvante. La fin surprenante.

C'est un très bon film. (Avec le DVD on a droit aux scènes tournées par Schrader)

Red Shoes de Kim Yong-Gyun (2005)
Un film coréen d'épouvante basé sur la malédiction d'une paire de chaussures.

Il y a très peu de films sur des vêtements maudits. Le sujet est très difficile. Je me souviens de *Robe de sang* (1990) de Tobe Hooper. Il faudra faire une recherche sur ce thème... Il y a le chapeau dans le roman *Le Golem* de Gustav Meyrink... Enfin, bref revenons à notre film...

Une femme trouve une paire de chaussures rouges dans le métro et les malheurs commencent pour elle et son entourage.

C'est un film sur la culpabilité, la hantise qui amène la vengeance cruelle.

Une vengeance aveugle de l'au-delà d'où la profession de l'héroïne : ophtalmologue, et la perte des yeux de certaines victimes...

C'est aussi la terreur d'avoir vu des horreurs...

En fait il est bien question de cinéma !

Après un prologue assez violent, le film semble s'enliser dans une lenteur trompeuse, car petit à petit, sans que l'on s'en aperçoive, l'angoisse s'installe jusqu'aux deux coups de théâtre et une surprise en début de générique (surprise plus classique celle-là)

Un film à découvrir.

Ce film est excellent. Il n'a été diffusé qu'en DVD en 2010 en France.

La Malédiction des profondeurs (*Beneath Still Waters)* de Brian Yuzna (2005)

Lovecraft n'est pas accrédité au générique, mais la jaquette du DVD y fait référence. En effet, on peut reconnaître dans ce film quelques influences lovecraftiennes. Il est inspiré, nous dit-on au générique, d'un roman de Matthew J. Costello *La Chose des profondeurs* (1991) que j'ai lu chez Pocket dans la collection Terreur. Là également l'inspiration est assez lointaine puisque dans le livre il s'agit de vers vivant dans l'océan en grande profondeur à proximité d'éruptions volcaniques et qui sont, hélas, remontés à la surface. Ce sont des parasites qui dévorent les êtres humains de l'intérieur ou alors manipulent leur cadavre pour créer l'illusion de la vie. Il est vrai que le roman lui-même est très lovecraftien.

Mais revenons au film. Là on n'est pas dans la mer, mais dans un petit village où un homme maléfique fait venir le Mal des mondes extérieurs. Pour le neutraliser, le maire du village fait construire un barrage pour le noyer définitivement. On peut reconnaître la fin de la nouvelle de Lovecraft *La Couleur tombée du ciel*.

Mais le Mal remontera des profondeurs.

La jeune fille, au début sur la plage, lit un livre de C.G. Jung *Rêves et mystères*.

Du moins tel est le titre donné dans le film…

Il y a aussi de très gros clins d'œil au film de Spielberg *Les Dents de la mer* (1975) puisque le maire du village veut absolument fêter les 40 ans du barrage et tente par tous les moyens de camoufler les atrocités commises par ceux des profondeurs…

Cette *Malédiction des profondeurs* ne casse pas quatre pattes à un canard.

Le Pacte du sang de Renny Harlin (2005)
Ce film n'est pas désagréable.

Les jeunes gens sont très beaux et les jeunes filles sont très belles, et jouent très bien (ce qui montre la qualité du réalisateur, car ce sont des débutants).

Une bataille entre sorciers pour le pouvoir, ce pouvoir qu'ils ont, mais qui les détruit physiquement s'ils en abusent. Plus ils l'exercent, plus leur corps vieillit prématurément.

Il y a tous les ingrédients : la forêt - temple de la sorcellerie - la vieille bâtisse et le livre maudit...

On devine assez vite qui est le méchant et le téléphone portable sonne dans la crypte...

On passe un bon moment en compagnie de beaux ados sympas...

Ma sorcière bien-aimée de Nora Ephron (2005), est un film tiré de la célèbre série de télévision du même nom, dans laquelle la sublime Elisabeth Montgomery jouait le rôle de la sorcière... Ici le rôle est joué par la non moins sublime Nicole Kidmann. Ceci dit, on ne voit pas très bien l'utilité de ce film bien réalisé et bien joué c'est vrai.

Le Cauchemar de la sorcière de Stuart Gordon (2005) Film de la série *Les Maîtres de l'horreur-* - première saison

Une adaptation réussie - comme toutes celles de Gordon - d'une œuvre de Lovecraft *La Maison de la sorcière* (*The Dreams in the Witch-House* – 1932)

Un étudiant en physique emménage dans une chambre au dernier étage d'une sombre bâtisse. Il sera hanté par la sorcière qui sévit dans les combles. Cette histoire est une des meilleures de Lovecraft. Il y montre sa connaissance approfondie des dernières découvertes scientifiques. Gordon continue dans cette veine en faisant expliquer à son personnage les dernières découvertes en mécanique quantique : la théorie des cordes et des branes... Le réalisateur n'a pas pu s'empêcher de placer son habituel asile psychiatrique, mais on a l'habitude !

Silent Hill de Christophe Gans (2005)
Un mauvais rêve, un labyrinthe avec des monstres à chaque coin, des monstres étonnants. Parfois une sirène incendie hurle et le noir total règne : c'est le temps des ténèbres et des monstres qui s'en échappent. Cette sirène est située sur le clocher d'une église perchée sur son glacis. Il y a aussi une chambre cachée.
Je ne connais pas le jeu vidéo, mais le film est angoissant. C'est un film d'épouvante plus qu'un film d'horreur.
Ce que vit l'héroïne c'est comme une dépression : on se perd, on est envahi par l'obscurité, on croit s'en sortir et on plonge encore mieux l'instant d'après. On recherche une issue en évitant la folie, mais c'est dur !
D'autant plus que constamment l'enfer rougeoie sous nos pas, là-bas, tout au fond.
Un petit chef-d'œuvre de fantastique comme on n'en a pas vu depuis très longtemps !
J'attendais Christophe Gans depuis longtemps et je ne suis pas déçu. Bravo !
Les effets spéciaux ont été réalisés par notre ami Tatopoulos qui nous a fait l'honneur de nous accorder deux interviews dans Sfmag.

Un petit génie créatif : ses monstres sont de véritables œuvres d'art.

Les actrices sont sublimes particulièrement la deuxième petite fille...

Les femmes sont encore au centre de toute cette histoire, et elles jouent le rôle principal à cinq, les hommes ne sont que des figurants.

J'adore !

Je rappelle que Christophe Gans est un admirateur de John Carpenter, dont il connaît l'œuvre par cœur et qu'il sait analyser en grand cinéphile. Christophe Gans se fait trop rare au cinéma.

Stay Alive de William Brent Bell (2005)

Ce film a un côté intéressant dans la mesure où il tente de mêler gothique et jeux vidéo.

En effet, un jeu, *Stay Alive,* met en scène la comtesse Erzebeth Bathory qui assassine les joueurs un à un, dans le jeu, mais aussi dans la réalité.

La comtesse (1560-1614) a vraiment existé ; elle faisait enlever d'innocentes jeunes filles pour les vider de leur sang dans sa baignoire et ensuite elle se baignait dans ce liquide biologique pour rester éternellement jeune. Le blason des Bathory comprenait trois dents de loup d'où, dans le film, l'idée de la manière de la détruire... Cette idée, dans le film toujours, est trouvée dans un livre *Le Marteau des sorcières (Malleus Maleficatum)* livre qui existe également, car il a été écrit par deux grands inquisiteurs (Henry Institoris et Jacques Sprenger) en reprenant les ″aveux″ de pauvres femmes accusées de sorcelleries et qui, pour la plupart, préféraient avouer n'importe quoi plutôt que d'être soumises à la torture... Ce livre est d'ailleurs disponible en librairie (Éditions Jerôme Millon). Ceci dit, les personnages du film auraient eu du mal à y découvrir comment tuer la comtesse, car il a été publié en 1486, bien avant sa naissance... Enfin, le scénariste a rajouté la diligence noire telle celle du comte Dracula et, pourquoi pas ? Celle de Jack l'Éventreur...

Voilà beaucoup de références plaisantes dans ce film, d'autant plus qu'à ma connaissance, c'est la deuxième fois seulement que la sanglante comtesse Bathory est mise en scène (la première fois ce fut avec *Les Lèvres rouges* (1970) de Harry Kumel avec la splendide Delphine Seyrig).

À part ça il est vrai que le film est un peu plat, mais il mérite quand même d'être vu...

666 La Malédiction de John Moore (2005)
Un remake scrupuleux du film *La Malédiction.*
(Un jeune enfant doit assurer la venue de l'antéchrist)
La saga des films *La Malédiction* :
La Malédiction (The Omen) de Richard Donner (1976)
La Malédiction II (Damien Omen2) de Don Taylor (1978)
La Malédiction finale (The Final conflict) de Graham Baker (1981)

La Malédiction IV : l'éveil (Omen 4 The Awakening) de Jorge Montesi, Dominique Othenin-Girard (1991)

American Haunting de Courtney Solomon (2005)
Une histoire de hantise, de possession, tirée, paraît-il d'une histoire vraie. Avec le grand Donald Sutherland. La jeune fille Betsy est très jolie (Rachel Hurd-Wood) ce qui rend son calvaire encore plus insupportable au spectateur. Il y a le rationaliste qui nie et qui a tort, le spectateur le sait... Mais peut-être que non... Il y a un loup aussi. Noir... On soupçonne la femme qui a eu un différend avec le père Bell et qui a la réputation d'être une sorcière. Les flash-back sont en noir et blanc. Il n'est pas sûr que tout le monde saisira l'explication finale.

La Chute de la Maison Usher de Hayley Cloake (2006)
Jill, une jolie petite jeune fille blonde, apprend le décès de sa « meilleure amie » Maddy. Elle se rend à la maison du frère de Maddy, Rick Usher. Elle les avait perdus de vue depuis plusieurs années.
Mais de quoi est morte Maddy ? « Je la voyais perdre la raison », dit son frère Rick. Ses parents sont morts de la même manière. C'est le thème central de l'œuvre de Poe que ce film a adapté : la malédiction. Poe était un écrivain maudit, il reflète et amplifie cette malédiction dans ses œuvres. Il y a la folie aussi, que Poe

tourne en dérision dans sa nouvelle *Le Système du docteur Goudron et du professeur Plume*. Et *La Chute de la Maison Usher* est aussi une histoire de hantise et d'inceste.

Quant au film, il est très lent, on pourrait penser que le réalisateur a voulu s'inspirer du film homonyme de Jean Epstein (1928 – 1929 pour la version sonorisée). Les plans sont très travaillés. Les subtils mouvements de caméra aussi. Les plans avec dialogues sont montés comme les cartons intercalaires des films muets. Pour la sobriété des dialogues aussi.

Voici la liste des films adaptés de la nouvelle homonyme de Edgar Allan Poe :

La Chute de la Maison Usher de James Sibley Watson, Melville Webber (1927)

La Chute de la Maison Usher de Jean Epstein (1928-1929)

La Chute de la Maison Usher de Ivan Barnett (1948)

La Chute de la Maison Usher de Roger Corman (1960)

La Chute de la Maison Usher Jan Svankmajer (1981)

(Névrose) La Chute de la Maison Usher de Jess Franco (1982)

La Chute de la Maison Usher de Hayley Cloake (2006)

Pumpkinhead : les condamnés (Ashes to Ashes) de Jake West (2006)

C'est le cinquième de la série. Moi je n'ai vu que celui-ci. Le premier est signé Stan Winston, mais je crois qu'il n'est jamais sorti en DVD zone 2...

On appelle au secours Pumpkinhead pour se venger d'un médecin de l'horreur. Ce dernier est incarné par Doug Bradley, l'acteur qui jour Pinhead dans la série des *Hellraiser*. Ça met de suite l'ambiance avec une opération chirurgicale par ledit docteur qui enlève des gens pour un trafic d'organes. Le corps humain constitue en lui-même une ressource : c'est le sens même des films gore.

C'est très sordide. À la manière de *Massacre à la tronçonneuse* jamais égalé. Un type réchappe à la mort bien qu'il ait subi l'ablation du foie. On arrête les membres de l'équipe, mais pas le docteur. Le shérif est un con, alors une jeune maman qui a perdu son enfant appelle Pumpkinhead, et là ça va faire mal. Pour cela elle sollicite une vieille sorcière qui vit au cœur des bayous... Quelle ambiance ! Dans ces films les gentils meurent d'une pichenette et les méchants sont très coriaces. Faut jamais se venger : ça porte malheur ! Avec le grand Lance Heriksen. Dans le générique de fin, ils remercient plein de gens dont Roger Corman.

Hellphone de James Huth (2007)
Une histoire de téléphone portable diabolique. Débile, mal filmé et mal joué.
Canal + fait de la nullité son manifeste "artistique".

Harry Potter et l'ordre du Phénix de David Yates (2007)
Et voilà le cinquième film du petit sorcier qui est devenu grand.
Quoi de neuf ? Eh bien c'est difficile à dire... Sauf pour les fans, et ils sont nombreux.

Les Châtiments de Stephen Hopkins (2007)
L'histoire traite des fléaux de l'apocalypse. Une scientifique, spécialisée dans l'étude des phénomènes paranormaux auxquels elle apporte des explications rationnelles grâce aux sciences, est appelée dans un village de Louisiane en plein milieu des marais (les bayous), car il s'y produit des phénomènes inexpliqués. Le premier est tout simplement l'eau d'une rivière dans le marais qui s'est transformée en sang. Et en sang humain qui plus est !
Cette belle jeune femme (interprétée par Hilary Swank) va être confrontée à une secte satanique et devra affronter des dangers terrifiants. D'autant plus terrifiants pour elle, qu'ils renvoient à ses expériences personnelles passées.
Le film n'est pas mauvais, il se regarde très bien et les effets spéciaux, sans être écrasants, sont très utiles au scénario.

Mother of Tears (La Troisième mère) de Dario Argento (2007)
Les effets spéciaux sont réalisés par le grand Sergio Stivaletti qui a réalisé un petit chef-d'œuvre d'épouvante : *Le Masque de Cire* (1996) film qui devait être réalisé par Lucio

Fulci, mais ce dernier décédait et Stivaletti a pris la relève. Robert Hossein y joue le rôle principal d'une manière magistrale.

Mother of Tears est le troisième de la trilogie des sorcières. Le premier est *Suspiria* (1977) et le second *Inferno* (1979), deux chefs-d'œuvre du cinéma fantastique. On ne sait pas si Argento avait prévu de faire une trilogie à l'époque de ces deux films, le fait est qu'il l'a fait. Le prologue de ces deux films est une anthologie de l'histoire du cinéma. Les scènes les meilleures qu'on ait tournées dans le genre fantastique expressionniste de couleurs. Je ne suis pas le seul à le penser, John Carpenter a la même opinion qu'il a exprimée dans son interview croisée avec Dario Argento dans la revue *Simulacres* (hiver 2000). À la question : « Si vous deviez choisir chez l'autre une séquence. (...) laquelle choisiriez-vous ? »

Carpenter répond (extraits) :

« Ce serait la séquence aquatique au début d'*Inferno*. Elle m'a énormément marqué. (...) Mais je choisirais juste après la séquence d'ouverture de *Suspiria*, qui, pour moi, est la séquence la plus impressionnante que Dario ait jamais tournée(...) »

Argento est également un fan de Carpenter ! C'est pourquoi avec *Mother of Tears* il rend un hommage appuyé au film *L'Antre de la folie* (1994).

Ainsi, toujours dans la même interview, Dario Argento est amené à parler de ce film de Carpenter. Ce dernier évoque la manière dont le cinéma peut traiter du "réel" : « Nous vivons dans ce qu'on appelle une *réalité naïve,* autrement dit nous croyons que les objets sont en trois dimensions, que nous sommes assis, ici ensemble, à la même table. Tout ceci est physiquement faux et pourtant personne ne le sait. Pourquoi ? »

L'interviewer pose la question : « Le cinéma peut-il capter cela ? »

Carpenter : « Non absolument pas. Et je peux vous dire que j'ai essayé plusieurs fois et je n'y suis jamais arrivé. »

Argento : « (...) je crois au contraire que dans *L'Antre de la folie*, vous y êtes parvenu. »

Enfin, Dario Argento doit sans doute être un lecteur de Graham Masterton dont on retrouve la patte scénaristique dans ce film.

Voilà ! Dario Argento ne tourne pas pour faire plaisir à ce qu'on appelle « la grande forme » au cinéma. Il tourne comme il l'entend lui-même et pas comme l'entendent les critiques ou les « professeurs » de cinéma. Il ne suit pas la mode des "survival", ces films bien léchés, mais qui ne sont que des moignons de films fantastiques. C'est pourquoi son cinéma dérange. Tous ses films ont été méchamment critiqués à leur sortie. Ses anciens films sont entrés dans l'histoire du cinéma. Pourtant cette attitude de la critique continue : ainsi, on ne peut plus nier la qualité de l'artiste, mais on dit maintenant qu'il n'est plus ce qu'il était. Mais tout le monde évolue. Même les grands artistes.

En ce qui concerne ce film, Argento poursuit sa recherche cinématographique. Donc, quand on fait de la recherche, ce qu'on fait n'est pas léché… Mais c'est une œuvre d'art quand même. Argento ne suit pas la mode actuelle du film d'horreur tourné sans aucune poésie, la poésie que Baudelaire a su donner au macabre et à l'horreur…

Et ce que certains voient comme des maladresses n'en sont pas, car Argento a encore le sens de l'humour !

Il y a donc trois "mères" : Mater suspirium (mère des soupirs) qui s'est installée à Fribourg (le film *Suspiria*), mater tenebarum (mère de la douleur) qui s'est installée à New York (*Inferno*), et celle de ce film, mater lacrimarum (mère des larmes).

L'histoire : lors de travaux de voirie aux abords d'un cimetière, on découvre un cercueil auquel est enchaînée une urne. L'urne est envoyée par un prêtre chez un archéologue. Argento prépare le spectateur par une belle image d'avertissement quand un autre prêtre prend une photo. Ce genre de scène est la marque de fabrique de Dario Argento.

Lorsque les archéologues ouvrent l'urne, la goutte de sang est un hommage appuyé au film de Mario Bava *Le Masque du démon* (1961) dont le scénario de ce film s'inspire directement. Ensuite, nous assistons à une horrible exécution comme seul Argento sait les tourner. Puis… la violence se déchaîne dans la ville.

Dans la scène de la librairie, on voit un moment en premier plan des couvertures de livre dont l'un a pour titre *Ligeia,* un hommage à Roger Corman et à Edgar Poe...

Comme il le fait toujours, Argento multiplie les moyens d'exécution des victimes : porte des WC du train, boîte d'allumettes, hachette, couteau, lance, fleuve. Même l'endroit du corps par lequel la Mort arrive est varié...

J'adore comment il filme champ contre champ avec de légers mouvements de caméra, l'école de Mario Bava. Le très long plan-séquence de l'entrée de Sarah (jouée par Asia Argento) dans la maison de la sorcière va également entrer dans l'histoire du cinéma. Le cinéaste réalise le tour de force de faire un plan-séquence avec de multiples éclairages, des vues plongeantes, contre plongeantes, des travellings, etc. Stupéfiant ! Plan-séquence interrompu par un événement brutal, mais pas celui auquel on peut s'attendre.

La marque artistique de Dario Argento c'est aussi ce plan bref qui nous fait voir en plongée un vêtement rouge au travers d'une vitre d'un train qui passe. Mais aussi la minuterie du couloir qui se remonte comme une horloge...

Il y a quelques scènes qui font sursauter. Et puis il y a la ville de Rome, un véritable hommage à ce qu'il peut y avoir de meilleur au cinéma, par exemple le film de Mario Bava *La Fille qui en savait trop* (1963).

« Ce que tu vois n'existe pas, ce que tu ne peux pas voir est la vérité », est inscrit au fronton de la maison de la sorcière... Peut-être un message adressé à la critique cinémato-

graphique ? (Voir également l'échange avec Carpenter ci-dessus).
Dario Argento nous rappelle aussi que Clive Barker n'a rien inventé.

Ghost Rider de Mark Steven Johnson (2007)
On passe un bon moment avec ce personnage de comics Marvel. Le casting ne m'emballe pas du côté de Nicolas Cage pas vraiment à l'aise dans ce rôle, mais il m'emballe du côté d'Eva Mendes, aussi sexy que l'on peut l'être.
Un motard doué fait un pacte avec le diable pour qu'il guérisse son père malade du cancer. Son père est guéri, mais meurt dans un accident de moto.
Le pauvre petit Faust en herbe en est tout déboussolé. Il abandonne sa fiancée et s'en va à l'aventure.
Quelques années plus tard, il la retrouve, mais il retrouve aussi le diable qui le charge d'éliminer son fils qui veut faire du mal à tout le monde. L'histoire est tirée par les cheveux, mais on s'en fout, car on s'amuse beaucoup, enfin ceux qui aiment la BD, les mangas, les comics et les histoires à dormir debout. Moi je fais partie de ceux-là !
Mark Steven Johnson avait réalisé *Dardevil*, pas très réussi, moi je préfère ce *Ghost Rider*...

The House of the Devil de Ti West (2008)
Le rythme est lent avec quelques soubresauts qui font sursauter.
Les plans sont très travaillés.

Ils créent l'illusion que tout est normal, car les dialogues sont « normaux », mais suscitent le questionnement.

À la moitié du film, une petite jeune fille se retrouve seule dans une maison isolée et un meurtre a été commis. Elle est censée garder non pas un enfant, mais une personne âgée qui dort au premier étage et qu'elle n'a jamais vue...

Ah ! J'oubliais : il y a une éclipse de Lune ! Propice aux cultes sataniques.

Dans la maison la caméra ne suit pas le personnage d'une pièce à l'autre. La jeune fille entre et sort des pièces comme elle entre et sort du champ de la caméra. Une espèce d'hommage à *Vampyr* de Dreyer ?

Pour la dernière scène qui ne se déroule pas dans la maison, c'est la caméra qui se déplace vers la petite jeune fille et entre dans la chambre.

L'ambiance est celle des années 70/80. Avec un générique style de l'époque. Hommage est rendu aux films d'épouvante par ce qu'on voit à la télévision.

[REC] de Jaume Balaguero et Paco Plaza (2008)

Encore une histoire filmée caméra sur l'épaule ? Oui ? Mais à la différence de l'abominable *Cloverfield* , celui-ci est beaucoup mieux travaillé. Il comporte un véritable récit raconté par un vrai procédé cinématographique. Balaguero nous avait offert déjà un petit chef-d'œuvre avec *La Secte sans nom*, qui a donné toutes ses lettres de noblesse au cinéma fantastique espagnol qui le méritait bien. Ici il nous offre une histoire d'horreur pas piquée des vers, une histoire qui ressemble à une histoire de zombies.

Une jeune journaliste accompagnée de son caméraman fait un reportage sur les pompiers la nuit. Elle les suit lors d'une intervention dans un immeuble d'où un appel au secours est arrivé. Ils trouvent une vieille femme couverte de sang à côté d'un cadavre. Cette femme va agresser un policier qui va mourir des suites de ses blessures. Puis, l'immeuble sera mis en quarantaine par les autorités sanitaires pour éviter une épidémie.

Bien que ce film soit génial (si !si !) il est quand même difficile de supporter pendant une heure et demie une succession d'images filmées dans l'action, sans pouvoir souffler un peu.

Ceci dit, on est saisi par l'angoisse et c'est l'effet voulu par les cinéastes. Pire même, les images de la fin sont filmées à la caméra infra rouge, car le projecteur a été cassé par un petit monstre caché dans le grenier. Faut aimer. Mais n'est-il pas toujours « intéressant d'aller voir comment c'est ailleurs » comme le dit le personnage mordu par un zombie dans *Land of the Dead* de Romero ?

Enfin dernière remarque : à quand un *Survival* qui finit par la mort du (des) monstre(s) comme au bon vieux temps ?

La Comtesse de Julie Delpy (2008)

L'histoire de la fameuse comtesse sanglante Erzebet Bathory (1560-1614) qui faisait enlever et assassiner des jeunes filles vierges pour se baigner dans leur sang. Elle a contribué, avec le comte Dracula, au développement des légendes sur les vampires.

Ce film présente une vision romantique de la comtesse hongroise.

C'est une histoire d'amour entre elles, veuve d'âge mûr d'un grand guerrier qui avait fait sa gloire contre les Turcs et un jeune homme.

L'histoire est racontée par ce dernier, qui doutera toujours des accusations qui seront portées contre elle.

La comtesse était devenue folle d'amour, elle en avait vraiment perdu la raison. C'est la thèse du film.

L'homme en noir et la sorcière sont bien sûr présents, comme le dit la légende, mais ne sont pour rien dans l'horreur de la dame... Contrairement à la légende populaire...

Après de nombreuses années de meurtres horribles, sur lesquels la monarchie et l'Église avaient fermé les yeux, elle finira par être arrêtée parce cela était favorable aux projets du roi qui devait beaucoup d'argent à la comtesse.

Ce film peut paraître ennuyeux, car il ne correspond pas aux canons du film d'horreur, mais c'est un très bon film.

De plus, il a un côté documentaire sur ce personnage historique.

C'est la réalisatrice, Julie Delpy, qui joue le rôle de la comtesse.

Necronomicon (Le livre de Satan) de Leigh Scott (2008)
Sortie directe en DVD en octobre 2012.
Ça se passe en Louisiane, sans doute pour faire un peu plus vaudou, car toutes les histoires de Lovecraft se déroulent dans le Massachusetts.
En effet ce film est une adaptation de la nouvelle *L'abomination de Dunwich* de Lovecraft.
Le sous-titre du film (Le Livre de Satan) n'a rien à voir avec l'histoire où il n'est jamais question de Satan et le commentaire du début (« Les Watheley célébraient le culte de Satan et du Vaudou ») n'a rien à voir avec Lovecraft qui était athée... Mais, ensuite, le film va rester très fidèle à l'esprit de Lovecraft, car il ne sera plus question de Satan et du Vaudou.
Donc, comme tout lecteur de Lovecraft le sait, une femme de la famille des Wathelay, accouche de deux jumeaux dont l'un est monstrueux.
On assiste ensuite à une espèce d'exorcisme qui a lieu dix ans plus tard dans cette même maison, cérémonie dans laquelle intervient un objet en forme de pyramide qui fonctionne comme le cube maléfique de Hellraiser...
Puis on va dans une classe de lycée où il est question de Cthulhu. Enfin !
Le vieil homme qui a procédé à l'exorcisme retrouve le professeur à la fin de la classe, et

ils échangent ces mots que tout lovecraftien reconnaît bien :

- *N'est pas mort ce qui à jamais ne dort*
- *Et au cours des siècles même la mort peut mourir.*

Il y a aussi des filles sculpturales (ça ce n'est pas très lovecraftien) dont l'une est enlevée par Wilbur Watheley pour la donner à manger à son frère monstrueux.

Tout le monde cherche la page 751 du Necronomicon qui a disparu de toutes les copies connues. Là on sort complètement de la nouvelle *L'Abomination de Dunwich*, mais on reste chez Lovecraft. Wilbur Watheley est joué par Jeffrey Combs, le seul acteur véritablement et génialement lovecraftien.

Il faut donc retrouver l'original du Necronomicon.

Dommage que le monstre est assez nul. Le réalisateur aurait mieux fait de le suggérer plutôt que de montrer de flasques tentacules et une bouche aux dents pointues au milieu d'un nuage avec quelques tentacules.

Yog Sottoth ! J'aime quand même tous ces films lovecraftiens.

Dorothy d'Agnès Merlet (2008)

« Ce climat océanique est propice aux fantômes. »

Dorothy a failli tuer par sadisme le bébé qu'elle gardait.

Très angoissant. Une adolescente possédée ? Instrument d'une communauté diabolique ? Pourquoi ces « jeunes « veulent-ils chasser la psy nommée par la justice pour expertiser Dorothy ?

Dorothy était l'enfant d'une fille-mère. Elle dit qu'elle ne se souvient de rien des événements avec le bébé.

Nous sommes sur une île qui est sous l'emprise d'un pasteur fondamentaliste, peuplée de dégénérés immoraux.

La psy ne peut plus téléphoner... Il se passe de drôles de choses dans l'église. Mais que faire face à toutes ses personnalités dans une même personne ?

Une des personnalités de Dorothy connaît (comment ?) le malheur intime, la culpabilité profonde de la psy et s'en sert. La folie serait-elle contagieuse ?

Ou la hantise...

Superbe film ! Seule une femme pouvait réussir à mettre en images une telle histoire !

Pulse 3 de Joel Soisson (2008)

« Gare à celui qui scrute le fond de l'abysse, car l'abysse le scrute à son tour »... Ce sont les paroles de la jeune Égyptienne à travers la Webcam, juste avant qu'elle ne se suicide. C'est une citation de Nietzsche, mais ce n'est pas dit dans le film...

Après le prologue, **Pulse 3** commence au camp de réfugiés évoqué à la fin de **Pulse 2**. Justine est devenue une adolescente. Dans ce camp ils vivent comme au XIXe siècle, pour éviter tout appareil informatique. Mais Justine va découvrir un ordinateur portable caché sous le tableau de bord d'une épave de voi-

ture. Et devinez ce qu'elle va faire ? Allumer l'ordi bien sûr, et ouvrir la porte aux Morts ! Ben non, la Mort n'arrive pas. Justine prend contact avec Adam, le jeune homme du début du film. Il est à Houston. Elle s'appelle Justine... hein Sade ? La jeune fille part le retrouver. Mais c'est pas Adam qu'il aurait dû s'appeler, mais Jésus... ou... Satan ?
Dans ce film le réalisateur semble avoir trouvé enfin le bon rythme. Il se laisse donc regarder agréablement. Bien meilleur que l'opus 2...

Jusqu'en enfer de Sam Raimi (2009)
Joli petit film d'horreur. Le thème classique de l'objet maudit dont il faut se débarrasser sinon ça sera terrible pour vous. Une jeune femme travaillant dans une banque refuse un prêt à une gitane parce qu'elle veut se faire bien voir par son patron. Elle est victime d'une malédiction de la gitane. Elle va chercher à s'en débarrasser...
Un film excellent.

[REC]² de Jaume Balaguero et Paco Plaza (2009)
Et voici le numéro 2 de REC.
Nous retournons donc dans l'immeuble infesté par les zombies et isolé du reste du monde par les autorités.
Cette fois on multiplie les caméras pour avoir plusieurs angles de vue. Quatre flics super armés sont chacun équipés d'une caméra. Ils investissent le bâtiment, accompagnés d'un médecin chargé de trouver un remède afin

d'éviter l'épidémie. Le suspense est intense. Cette « rage » des « zombies » est très contagieuse. Attention à la morsure. Mais est-ce bien une « rage » ?

Les réalisateurs ne jouent pas le jeu puisqu'au milieu du film tous les gens porteurs d'une caméra sont hors service et une autre caméra prend la relève en reprenant depuis le début. Je trouve que c'est une faiblesse du scénario… D'autant plus qu'on changera encore de caméra en fin de film.

Quand il y a une catastrophe, il y a toujours des connards qui sont là où il ne faut pas être ! Quelle bande de cons ! D'ailleurs ce film est un véritable traité sur la connerie humaine.

Il s'avérera que cette maladie n'en est pas une, mais est quelque chose de surnaturel…

Djinns de Hugues Martin et Sandra Martin (2009)

Un très beau film sur la guerre d'Algérie.

Pas manichéen.

En février 1960, une section de l'armée française est envoyée dans le désert algérien à la recherche d'un avion disparu. Les soldats le retrouvent et ramènent une mallette métallique fermée par une serrure à code. Ils sont attaqués par des fellaghas. Ils se réfugient dans une forteresse en plein désert, dans le territoire des djinns.

Les djinns sont des démons de l'air. Ils vous possèdent et vous rendent fou.

Sans abus d'effets spéciaux, le film vous tient en haleine du début jusqu'à la fin.

Il n'y a pas de gentil et de méchant. Tout le monde souffre de la guerre.

La guerre est horrible, cruelle, et les djinns en feront leur alliée...

Un film à voir.

Il est rare qu'un film français s'attaque à ce sujet aussi difficile avec un thème fantastique. Ici c'est très réussi. Le scénario est très habile et le film très bien réalisé.

Jusqu'en enfer de Sam Raimi (2009)

Joli petit film d'horreur. Le thème classique de l'objet maudit dont il faut se débarrasser sinon ça sera terrible pour vous. Une jeune femme travaillant dans une banque refuse un prêt à une gitane parce qu'elle veut se faire bien voir par son patron. Elle est victime d'une malédiction de la gitane. Elle va chercher à s'en débarrasser...

Un film excellent.

L'Exorcisme de Manuel Carballo (2009)

Une adolescente est victime d'une crise ressemblant à une crise d'épilepsie. Mais après examens médicaux approfondis, la faculté constate qu'elle n'a rien.

En fait, elle a besoin d'un exorcisme, car elle est possédée. Son oncle est prêtre : elle lui demande de pratiquer sur elle un exorcisme. Mais les parents de la jeune fille refusent d'autant plus que le prêtre a été révoqué, car sa patiente est décédée lors d'un précédent exorcisme.

Le diable fout un de ces bordels ! C'est comme ça qu'il parlerait, le diable…

L'exorcisme est traité ici sous un nouvel angle.

Jennifer's Body de Karyn Kusama (2009)

Une jeune fille sacrifiée dans un culte satanique se transforme en démon sanguinaire.

Mais ne vous inquiétez pas vous n'aurez pas peur.

Vous allez même vous ennuyer en regardant ce film réalisé uniquement pour l'actrice Megan Fox qui, pour le coup, a raté son coup…

Solomon Kane de Michael J. Basset (2009)

Solomon Kane est un personnage créé par Robert E Howard, le créateur de Conan. Howard s'est suicidé à l'âge de 30 ans. Il a laissé des textes inachevés. Les textes de Howard sur Conan ont été développés par Louis Sprague de Camp, Lin Carter et Björn Nyberg. Conan le conquérant est le seul roman de Howard de la série.

Solomon Kane est un personnage différent de Conan. C'est un Ange guerrier qui combat le mal sur Terre représenté par les démons, la sorcellerie, les zombies…

En tous les cas le film montre bien ce monde de Howard, monde terrifiant qui justifie la violence, seul moyen possible à utiliser contre toutes ces créatures diaboliques.

Black Death de Christopher Smith (2009)

Un film terrifiant.

Au Moyen Âge, une équipe de mercenaires chrétiens est envoyée par l'évêque dans un village isolé dans un marais parce que dans ce village personne n'a été atteint de la peste qui a tué la moitié de la population du royaume. Il ne peut donc s'agir, selon l'homme d'Église, que de sorcellerie.

Ici on montre la réalité crue et cruelle de cette époque et de la guerre. Et de l'épidémie de peste.

Une succession d'horreurs. Les combats ne sont pas stylisés, ils sont brutaux et sanglants, la chair est arrachée, le sang gicle. La maladie est atroce.

Au nom de la religion, on se rend coupable de toutes les cruautés, et au nom de la foi on fait de terribles erreurs. Mais les athées ne sont pas mieux lotis...

Terrible film qui montre le fond de la nature humaine.

The Box de Richard Kelly (2009)

Film tiré de la nouvelle de Richard Matheson *Le Jeu du bouton* (*Button, Button* 1970)

La nouvelle commence ainsi : « Le paquet était déposé sur le seuil de l'appartement... »

Le film ne commence pas comme ça. C'est dommage. Il commence par une explication (c'est un peu lourd, mais...) : un type était mort gravement brûlé et ressuscité et il y a des recherches sur Mars...

Enfin, la boîte est trouvée sur le seuil de la maison à 5 H 45 du matin !

On apprend que la famille a des problèmes (graves) d'argent.

L'homme qui a amené la boîte a laissé un mot disant qu'il viendrait à 17 H C'est un homme défiguré joué par Frank Langella (excellent) qui se présente avec l'alternative suivante : « Si vous appuyez sur le bouton de la boîte, une personne que vous ne connaissez pas mourra, mais vous toucherez un million de dollars... » Curieux non ?

Bien sûr, on comprend (et on en aura la confirmation plus tard) qu'il s'agit de l'homme ressuscité.

Cela a l'air tiré par les cheveux, comme toutes les énigmes de Matheson, mais cela a un sens profond et même plusieurs sens que vous découvrirez en regardant le film.

Le film est émaillé de citations qui vous donneront une idée de la philosophie de l'histoire :

« Alors tu vas appuyer ou pas ? » Demande le mari... C'est aussi ce que le spectateur se demande après 27 minutes de film...

« Les gens, est-ce qu'on les connaît vraiment ? » demande le mari ...

« Toute technologie suffisamment avancée est indiscernable de la magie. » Cité par l'enfant et attribué à Arthur C. Clark dans sa « troisième loi... »

« Libre ou pas libre, à chacun de choisir ! » Jean-Paul Sartre.

Vous noterez que les citations sont toujours celles des hommes. D'ailleurs seules les femmes appuient sur le bouton. Matheson est-il misogyne ?

Puis le spectateur est jeté sur des chemins de traverse : paranoïa ? Complot ? De qui ?

Du pur Matheson.

Mais ce simple geste d'appuyer sur le bouton, c'est l'instant du diable... et l'espèce humaine est en jeu : serait-elle l'espèce du diable ?

Harry Potter et le prince de sang mêlé de David Yates (2009)

Sixième opus des aventures du petit sorcier qui devient grand.

Si on aime, c'est bon, mais si on n'aime pas on s'ennuie. On a encore deux autres opus qui nous attendent...

Le Village des ombres de Fouad Benham-mou (2010)

Une bande de jeunes se rend dans la maison familiale de l'un d'eux dans un petit village perdu. Ils vont disparaître les uns après les autres, victimes d'une ancienne malédiction.

Ça aurait pu être bien, mais on s'ennuie, c'est long, c'est sombre, la plupart du temps on n'y voit pas grand-chose.

D'ailleurs cette malédiction autour du chiffre "8" est un peu emberlificotée.

Mais ça se tient.

Insidious de James Wan (2010)

Une famille est jetée dans l'horreur qui arrive par une espèce de possession de l'enfant...
Mais ce n'est pas une possession comme on la connaît habituellement, c'est pire !
Il va se révéler que ce problème est héréditaire.
Sera-t-il possible d'en sortir ?

Two Eyes Staring (Zwart Water) d'Elbert Van Strien (2010)
Une histoire de fantôme d'enfant avec de l'eau noire qui coule du robinet (pas très original).
Le scénario développe les thèmes de la paranoïa et de la maison maléfique.
Il est question de possession, comme dans l'affaire *Charles Dexter Ward* de Lovecraft... Là également je n'ai vu le film qu'après la publication de mon livre *Lovecraft au cinéma*.

Le Dernier exorcisme de Daniel Stamm (2010)
C'est pas si mal.
Le réalisateur utilise la méthode du film reportage, inaugurée par *Le Projet Blairwitch* (1999).
D'ailleurs la fin en ellipse est un hommage à ce dernier film.
Le scénario est assez amusant : un prédicateur a perdu la foi. Il était exorciste. On nous explique que toutes les religions pratiquent l'exorcisme. Moi je croyais que ce n'était que la religion catholique.

Ce prédicateur qui n'y croit plus pratique encore des exorcismes pour se faire de l'argent, car son fils est malade.

Il est sollicité pour en pratiquer un et emmène une équipe qui filme en reportage son exorcisme... dont il dévoile tous les trucages.

On croyait le sujet épuisé, ben voilà une idée nouvelle à traiter.

Regardez bien les dessins que la fille possédée a réalisés et punaisés contre le mur de sa chambre.

On retrouvera les faits décrits plus tard, bien sûr...

Un film à petit budget, aux effets spéciaux sans moyens, mais très habiles.

Legion de Scott Stewart (2010)
Tout le monde trouve ce film mauvais.

Pas moi. Il est très agréable à regarder. Il reprend beaucoup de thèmes du genre avec l'originalité de mettre en récit des anges dans un rôle qui est surprenant. Ce n'est pas si mal filmé et c'est dommage qu'il ait eu de si mauvaises critiques parce qu'il ne le mérite pas.

Devil de John Erick Dowdle (2010)
Ce film splendide est produit par M. Night Shyamalan qui a voulu adapter son œuvre au cinéma. Le scénariste qui l'a adaptée est Brian Nelson.

Shyamalan a toujours créé des œuvres originales. Si originales parfois qu'elles heurtent le bon sens commun cinématographique. Des œuvres mystiques, de ce mysticisme hors du commun qui n'est pas loin de ce chamanisme véritable, celui qui voit dans la Nature bien des Esprits.

Je ne crois pas du tout en ces choses, mais j'admire la manière dont l'artiste en parle.

Ici il s'agit du diable.

Enfermé dans un ascenseur avec quatre personnes. C'est déjà terrifiant de se retrouver coincé dans un ascenseur, mais en plus avec le diable !

Ce dernier va faire son travail et les connexions vont se faire avec les destinées de plusieurs personnages jusqu'à la fin qui va, paradoxalement, montrer que si le diable existe, c'est que Dieu existe aussi !

Le diable a trouvé son public, ceux qui assistent, impuissants, à ses exécutions sont les agents de sécurité qui voient tout ce qui se passe dans la cabine grâce à la vidéosurveillance...

« L'œil était dans la tombe et regardait Caïen. » (Victor Hugo – La légende des siècles)

Superbe film qui me plaît beaucoup.

N'en déplaise...

[REC]³ Genesis de Paco Plaza (2011)

Et voilà le numéro 3 en attendant le 4.

C'est un mariage. Un peu cucul comme beaucoup de mariages. C'est fait pour le scénario : on aime bien voir des gens cucul se faire bouffer par des zombies (enfin, des démons...)

L'oncle explique qu'il a été mordu par un chien mort et qui a ressuscité... On a compris hein ?

Le patient zéro de l'épidémie de zombies...

C'est un peu con, mais c'est si bien filmé !

1ère partie : présentation des personnages qui seront zombifiés... filmé en caméra amateur, vous savez, comme les deux REC précédents...

2e partie : le tonton bouffe une grand-mère, etc. Malheureusement on ne voit rien avec leur caméra amateur. Effets spéciaux trop faciles...

3e partie : la caméra amateur est cassée. Ouf ! merci le scénariste. De toute façon, les personnages en avaient marre d'être filmés. On passe donc au film « normal ». Qu'est-ce qu'ils sont cons ces zombies/démons à gueuler la bouche ouverte pleine de sang.

Puis on revient à une caméra infrarouge. Quel calvaire ces caméras...

Comme d'habitude, il y a toujours un petit groupe qui en réchappe. Le scénariste ne sait pas trop l'expliquer, mais c'est comme ça !

On apprend que l'eau bénite fait fuir les zombies. Ce sont donc bien des démons, hein ? Lamberto Bava !

La scène du car est hallucinante. Vue au travers des caméras de vidéosurveillance (!)

Donc au milieu de cet enfer il y a une histoire d'amour : le marié et la mariée se cherchent.

Il pleut... Et le film montre ostensiblement que c'est de la fausse pluie.

Pour tuer un zombie/démon, utiliser : un fusil, un mixer, une masse d'armes, une tronçonneuse, une épée de chevalier.

Donc un petit hommage à Lamberto Bava avec ses deux films *Démons* et à l'œuvre de Romero, surtout pour la fin, très atroce...

Eleven (11.11.11) de Darren Lynn Bousman (2011)

Bousman est le réalisateur de trois suites de SAW : II, III et IV qui sont loin d'être des chefs-d'œuvre.

Un écrivain à succès fait un cauchemar qui n'est qu'une réminiscence d'un vrai drame familial : la mort de sa femme et son fils dans un incendie. C'était le 7/11/11.

Ensuite, il y a le 8, le 9, le 10 et... le 11 ! Dieu l'a abandonné !

Beaucoup de discussions, très ennuyeux...

On assiste à une enquête ésotérique sur les démons et il y a un fou qui veut tuer son frère.

« Pourquoi est-ce qu'au bout du compte je veux bien croire plus facilement en Satan qu'en Dieu ? » Se dit-il...

Il passe ainsi du plus profond scepticisme au plus grand mysticisme.

Aucune scène ne trouve d'aboutissement...

Hell Driver (Drive Angry) de Patrick Lussier (2011)

Milton est revenu des enfers pour sauver sa petite fille (la fille de sa fille assassinée par un chef de secte satanique)

Il poursuit implacablement les ravisseurs et est lui-même poursuivi par la police. Et par le

« comptable », celui à qui on doit rendre des comptes !

C'est assez délirant et donc très plaisant.

Les personnages sont hauts en couleur et parfaitement invraisemblables. Mais c'est si bien tourné qu'on y croit : c'est la magie du cinéma.

La musique hard rock est superbe.

Et c'est tellement mieux que leur P... de rap à la con (désolé...)

J'adore les transitions entre les plans.

On passe un bon moment en regardant ce film.

On a failli s'ennuyer, car la poursuite en voitures du milieu du film est trop longue, mais ça passe !

Marrant le camping-car ! Ça me fait penser à quelqu'un ! Ah ah ah ah !

Le Dernier des templiers de Dominic Sena (2011)

Un templier et son écuyer écœurés par les tueries des croisades faites au nom de Dieu désertent, se font arrêter et regagnent la liberté en acceptant une mission d'un évêque : emmener une sorcière dans une abbaye perdue pour y être jugée. Elle est soupçonnée d'avoir amené la peste qui décime le pays.

Le chemin va être difficile et peu survivront à l'arrivée.

Une petite histoire toute simple de démon et de sorcellerie.

Nicolas Cage est bien trop grassouillet pour être vraisemblable en croisé affamé et Ron Perlman cabotine toujours.

On aurait pu faire un très beau film avec cette histoire somme toute convenue, mais exploitable.

Las ! Ce n'est pas le cas ici.

On peut toujours se référer à un chef-d'œuvre qui raconte un peu la même histoire : *Le 7e sceau* (1956) de Bergman, dont la scène du dialogue avec la sorcière enfermée dans la même cage que dans ce film m'a toujours fascinée et reste gravée dans ma mémoire. L'actrice (pourtant dans un second rôle) a su montrer ce qu'était la peur. Et le cinéaste y est bien sûr pour beaucoup.

Mais ici, ce n'est pas Bergman, mais Sena, et on a beau essayer, on ne retrouve pas l'ambiance du jeu d'échecs avec la Mort.

Dommage, car on a vu aussi récemment un joli petit film avec un thème cousin : *Black Death* (2009) de Christopher Smith.

Conan (Conan the Barbarian) de Marcus Nispel (2011)

Que diable ! Détendons-nous ! Il n'est pas si mal ce film.

J'aime assez. Il ne se prend pas au sérieux. Gros biceps, pectoraux et sorcellerie.

Ça détend !

L'acteur, Jason Momoa, qui joue un personnage important dans la série Stagate Atlantis, est très bien. Rien à voir avec Schwarzenegger. Et alors ? Tant mieux, car le Conan de ce dernier est inégalable.

Le Rite de Mikaël Hafstrom (2011)
Un prêtre n'a plus la foi. Son supérieur croit en lui. Il n'est pas convaincu. Il lui demande, avant de prendre une décision, d'aller à Rome rencontrer un prêtre exorciste. Là, il va rencontrer la Mort et le Diable.
Évidemment un film avec Anthony Hopkins se laisse regarder. Mais le film est bon aussi, pas seulement l'acteur. Le scénario réussit à nous surprendre sur un sujet que l'on croyait éculé. Mais non !

The Lords of Salem de Rob Zombie (2012)
"Avec Rob Zombie on est toujours surpris ! » C'est ce que je me suis dit avant de regarder ce film.
Et ce fut le cas.
Ça commence en 1696, avec le juge Jonathan Hawthorn qui rédige ses mémoires à Salem. Ce juge, ancêtre du grand écrivain Nathaniel Hawthorn né en 1804 (*La Lettre écarlate – Le Jardin de Rappaccini*) est célèbre pour avoir fait brûler les sorcières de Salem. Enfin, les présumées sorcières.
Le film nous ramène ensuite de nos jours. L'histoire est ponctuée par des indications de jours de la semaine : « lundi, etc. » Les acteurs ne sont pas très bons, mais le film est très bien tourné. Ce qui est amusant, sachant le passé de Rob Zombie comme chanteur du

groupe « White Zombie » c'est l'autodérision des groupes de rock Heavy Metal...

Un type écrit un livre sur les sorcières de Salem. L'animatrice de la radio reçoit un disque de musique avec le sigle des sorcières. Elle passe la musique sur les ondes...

Une musique « blasphématoire » des « Seigneurs de Salem ». C'est ainsi que se nomment les fameuses sorcières...

La fille, Heidi, habite dans une maison qui fait penser à la maison de la sorcière de Lovecraft. Ou aussi à l'immeuble du film *Inferno* de Dario Argento.

À plusieurs reprises le réalisateur nous offre des extraits de films en noir et blanc qui passent sur un téléviseur. Heidi a une grande photo tirée de l'affiche de Méliès, vous savez la Lune avec une fusée plantée dans l'œil...

Un film d'horreur ennuyeux. Très ennuyeux...

Dark Shadows de Tim Burton (2012)
La voix off qui raconte est un procédé trop facile.

Les effets spéciaux numériques sont exagérés. Johnny Depp n'est pas très bon en vampire.

Un pauvre type est maudit par une sorcière jalouse. Il est transformé en vampire.

Le pôvre... Il est enterré et déterré en 1972 deux siècles plus tard.

Il y a quelques erreurs, le marbre de Carare n'est pas importé de Florence... Idiot, comme son nom l'indique il est importé de Carare !

Le vampire va retrouver sa famille et, parmi elle, la gouvernante qui ressemble comme deux gouttes d'eau à sa bien-aimée. Of course !

C'était d'ailleurs à cause de cette bien-aimée que la sorcière fut jalouse.

Tout un tas de références au Nosferatu de Murnau... Il y a aussi le bal des vampires...

Tout est téléphoné et très prétentieux

Devil Seed de Greg A. Sager (2012)

Une histoire de possession pas très originale, mais regardable. Un mélange d'*Exorcisme* et de *Rosemay's Baby*. On s'ennuie un peu à vrai dire.

Ah ! la femme tentatrice !

Twixt de Francis Ford Coppola (2012)

Que signifie Twixt ?

Réponse de Coppola dans Paris Match : « En français cela veut dire "entre". Le titre original était "Twixt Now and Sunrise", car le récit se déroule entre le rêve et la réalité, entre le succès et l'échec, entre la vie et la mort. »

Ce petit film (petit par le petit budget, mais grand pour l'art) est superbe.

Coppola est revenu à ses vrais amours : réaliser un film comme il le veut sans avoir derrière lui des argentiers qui exigent ceci et cela. Il a commencé sa carrière avec Roger Corman c'est dire !

Revenons au film.

Il y a une petite vampire (enfin, on le saura tard dans le film, désolé...) et un clocher avec sept horloges, clocher qui n'est pas sans rappeler l'église abandonnée de Federal Hill de la nouvelle de Lovecraft *Celui qui hantait les té-nèbres* (1935), nouvelle dans laquelle il tuait Robert Blake en réponse à Robert Bloch qui avait tué HPL (avec son autorisation) dans sa nouvelle *Le Visiteur venu des étoiles* (1935) ...

Un écrivain d'histoires fantastiques (il est « spécialiste » des sorcières) arrive dans un petit bled pour dédicacer ses livres dans la quincaillerie. Il rencontre une pâle jeune fille toute de blanc vêtue.

Il y a un vieil hôtel abandonné (mais est-ce bien sûr ?) dans lequel se seraient déroulées des horreurs dont les victimes seraient des enfants...

L'écrivain (joué par le sublime Val Kilmer, qui sait si bien ne pas se prendre au sérieux tout en faisant excellemment son boulot) visite les lieux et le temps en rêve avec Edgar Allan Poe... Cela aussi c'est lovecraftien.

C'est d'un macabre vaporeux, une hantise terrible, un film complexe, une complexité qui peut le rendre ennuyeux. Mais il n'est pas fait pour divertir, mais pour réfléchir.

Un très beau film sur la création littéraire, l'inspiration, la culpabilité et la Mort.

La Mort, toujours tellement présente

Ghost Rider : l'esprit de vengeance de Mark Neveldine et Brian Taylor (2012)

On avait passé un bon moment avec **Ghost Rider** de Mark Steven Johnson (2007). Donc on nous en offre un autre avec cette suite.

Je n'aime pas trop Nicolas Cage, mais on fait avec.

Le Rider « mange » l'âme des gens qui ont péché... Il est devenu comme ça après avoir signé un pacte avec le diable pour sauver son père du cancer (dans le premier film...)

Une histoire de diable et d'enfer comme seuls les comics savent les raconter. Batailles rangées, violences et excavateur en flammes. Il y a toujours des flammes, car il s'agit d'enfer n'est-ce pas ?

Il y a des parties en dessins de BD avec une voix off. Parfois l'image s'accélère, saute comme quand on passe d'une vignette à l'autre en « lisant » une BD... Il y a aussi parfois deux plans côte à côte rassemblés sur l'écran.

L'histoire ne tient pas debout, mais tant pis, on passe un bon moment.

Un excellent moment. Comme quand on lit une bonne BD, mais là ça bouge et il y a du son !

Evil Dead de Fede Alvarez (2013)
Le remake du film de Sam Raimi (1981).

Ah ! le livre maléfique... « Seul lui peut défaire ce qu'il a fait » (Lovecraft)

Prologue à rebours : la forêt, une cabane isolée... Maléfique !

On le sait : c'est dans la cave qu'ils trouvent le livre. Et il ne fallait pas prononcer les mots !

« Tout n'arrête pas d'empirer, à chaque seconde » déclare un personnage !

Cela au tiers du film seulement. Le pire est encore à venir...

Dépeçages, possessions, transformations...

Ces histoires de famille !
Superbe générique de fin à regarder jusqu'au bout.
Producteurs : Rob Tapert, Sam Raimi, Bruce Campbell !

Oculus de Mike Flanagan (2013)
Un miroir maléfique dans lequel réside une force surnaturelle.
Une jeune femme et son frère dont la famille en a été victime tentent de tuer cette « chose ».
Le spectateur est soumis à des aller et retour entre maintenant (séance de surveillance du miroir) et le passé (11 ans auparavant) quand le drame se produisit.
Il est question de faux souvenirs. Où est la vérité ? Comment discerner le faux du vrai ? Et la paranoïa prend tous ses droits...
Brrrrhhhh.....

Le Dernier exorcisme 2 d'Ed-Gass-Donnelly (2013)
Prologue : résumé de l'épisode précédent.
On a donc affaire à la suite des événements du premier film. Ça se passe à la Nouvelle Orléans. On ajoute un peu de Vaudou en épice dans la soupe du film d'horreur.
La possédée est la seule survivante. Le démon Abalam a toujours les mêmes projets pour elle.
Le Vaudou fera-t-il mieux que le prêtre ?
La fin est intéressante, peut-être même surprenante...

I, Frankenstein par Stuart Beattie (2013)
Par les producteurs de *Underworld*.
On reconnaît effectivement cet univers de gothique urbain.
Ici c'est même absolument gothique avec l'Ordre des gargouilles ! Cet Ordre est en guerre contre les démons. Les anges et le diable en quelque sorte... Mais que vient faire Frankenstein ici ? Ben, demandez au scénariste.
En fait, c'est parce que Frankenstein est la preuve que Dieu n'est plus le seul créateur de l'humanité !
L'enjeu est aussi le livre de Frankenstein, car il y est écrit comment procéder pour créer un être humain. C'est mieux que la Bible !
En passant ils ont inventé une nouvelle discipline scientifique : l'électrophysiologie...

Hansel et Gretel de Tommy Wirkola (2013)
Hansel et Gretel, après avoir tué la sorcière de la maison en pain d'épices, deviennent chasseurs de sorcières.
Les sorcières sont très typées, redoutables, mais les chasseurs sont beaux, agiles et encore plus redoutables !
Et le décor c'est la forêt. Sublime forêt qui abrite les sorcières. Et il y a même des Trolls !
Et le cercle va se refermer.
Pourquoi les parents de Hansel et Gretel les avaient-ils abandonnés dans les bois ?

Si vous voulez le savoir, il faudra regarder le film jusqu'au bout. Mais rassurez-vous, il est très agréable à regarder ce film.

La bataille finale est classique, avec quelques petites idées cocasses...

Horns d'Alexandre Aja (2014)

Il y a une voix off, mais Aja, en grand cinéaste, ne l'utilise pas pour raconter l'histoire. Il utilise, pour cela, le film qu'il tourne. Et il raconte une jolie histoire d'amour.

Mais l'enfer est en chacun de nous. Radcliffe est superbe avec ses cornes. Il est devenu le révélateur du Mal. Pour ne pas dire du mâle...

Le thème est difficile, pas à la portée de n'importe quel cinéaste venu. Alexandre Aja a réussi à le traiter avec grand art.

Notre héros (dont le prénom est Ignatius) est révélateur du Mal, donc de la Vérité. Mais avant de la voir sortir du puits, le Malin, qui mérite bien son nom, vous fait faire des tours et des détours, et vous joue bien des tours...

Qui a tué la fiancée du héros ?

Une superbe histoire d'amour.

« La revanche consume tout ! »

Annabelle de John R. Leonetti (2014)

Une diablerie avec portes qui claquent toutes seules...

Le prologue est un peu con, car il explique la hantise de la poupée.

Puis on se retrouve en compagnie d'un jeune couple qui attend un enfant. Le futur père offre à la future maman une... poupée ! Car elle collectionne les poupées.

Puis, le couple se fait violemment agresser par un couple de dingues. C'est très violent. Et une goutte de sang coule dans l'œil de la poupée. Aïe !

Après l'agression la femme arrache une promesse au mari.

Le cinéaste jour sur les plans fixes qui annoncent un évènement parfois inattendu.

Le même thème central de ce genre d'histoire : la victime de la hantise se heurte au(x) sceptique(s) et d'autres grands classiques de ce genre de films : la bibliothèque, les livres et l'érudit(e).

Mais, si même l'exorciste ne peut rien y faire, où allons-nous ?

"Le sacrifice plaît à Dieu".

La fin est gérée par les époux Warren, enquêteurs de l'étrange. Voir le film de James Wan "The Conjuring" (2013)

[REC]⁴ Apocalypse de Jaume Balaguero (2014)

Un peu con le soldat qui remonte vers l'enfer pour sauver la fille qui pleurniche, ça va lui coûter très cher. Mais on le saura bien plus tard dans le film... C'est la fille de la télé, celle qui faisait le reportage dans la maison des deux premiers épisodes...

Ensuite tout ce beau monde se retrouve dans un grand paquebot où surgit, au détour d'un couloir... une rescapée du mariage de [RC]³ . La jeune fille de la télé subit de nombreux tests par sécurité, pour éviter l'épidémie. Vous savez, comme dans tous ces films, il y a toujours un con qui prend pitié et laisse échapper le patient zéro.

C'est dur de combattre une épidémie de possession "démoniaque".

Donc on est dans un bateau au milieu de l'océan, un lieu clos, qui abrite des gens potentiellement contaminés... Ça craint !

Vous trouvez mon ton un peu trop ironique ? Ben c'est l'ambiance du film tout simplement.

Alors, voyons : il y a une équipe représentant les autorités qui évitent à tout prix l'épidémie, et une bande de cons qui font tout pour se tirer... Et qui sont ceux qui ont l'air sympa ? Devinez !

Enfin, je rigole, mais ce film fout drôlement la trouille. C'est pas à mettre devant les yeux de n'importe qui tout ça...

Et puis alors quand le patient zéro s'évade... Je ne vous dis pas ce que c'est le "patient zéro", vous le verrez vous-même. Ce genre de zombie est vraiment dégoûtant.

Ce Lamberto Bava a fait des films nuls "Démons 1 et 2" (1981), mais il a vachement bien inspiré Jaume Balaguero qui a fait 4 chefs-d'œuvre avec Paco Plaza !

Qui sont les gentils ? Qui sont les méchants ? Vous le verrez vous-même... Enfin, vous finirez par le voir.

Avec les Démons on ne sait jamais...

Délivre-nous du mal de Scott Derrickson (2014)

Au début, ça se passe en Irak, comme dans le film *L'Exorciste.* Ici il s'agit de la guerre en Irak, pas de fouilles archéologiques.

Un policier suit le diable à la trace dans New York. Le diable apporté par les trois soldats américains du début.

Pas mal du tout. Terrifiant, même parfois.

Caves pourries, cadavres décomposés, corps sacrifiés, exorcisme...

Into the Woods de Rob Marshall (2015)

Sortie DVD le 10 juin 2015

Certains ont peut-être vu au théâtre la comédie musicale dont est tiré ce film.

L'intrigue (si on peut dire) mélange quatre contes de fées : Cendrillon, mais dans le film la fée n'intervient pas, c'est quelqu'un d'autre... (Perrault et les frères Grimm ont écrit deux versions différentes), le petit chaperon rouge (Perrault et les Grimm), Jack et le haricot magique (conte anglais, finalisé par Joseph Jacobs - après plusieurs autres versions) et Raiponce (premier recueil des frères Grimm). Tous ces contes à l'origine étaient de tradition orale. Ils ont été recueillis et écrits par les auteurs qui les ont publiés...

Bref, revenons à notre film.

C'est une comédie musicale, mais très enjouée, très entraînante et très bien jouée. Le mélange
 de ces quatre contes est sidérant et éblouissant.

Un jeune boulanger qui ne peut pas avoir d'enfant à cause de la malédiction d'une sorcière doit recueillir un objet de chacun des quatre contes (pour celui de Jack, il s'agit d'une vache...) pour annuler cette malédiction...

Et l'aventure commence pleine de rebondissements, bonnes rigolades et aussi des grands sentiments. Tout ce qu'il faut pour charmer les grands enfants que nous sommes restés !

Dragon Hearth 3 : la malédiction du sorcier de Colin Teague (2015)

Un mur sépare le nord du sud de la Grande-Bretagne. Ce mur avait été érigé par les Romains. Un astéroïde amène le dragon sur Terre. Le jeune écuyer, qui ne peut pas devenir chevalier parce que trop généreux, va en profiter.

Le dragon est super chouette et un méchant sorcier utilise la malédiction de la Lune pour en faire son esclave.

Il y a beaucoup de méchants, la tâche est difficile.

Penser à regarder le générique jusqu'à la fin.

Les films précédents ce numéro trois : *Cœur de Dragon* de Rob Cohen (1996) – *Cœur de dragon 2 un nouveau départ* de Doug Lefler (2013)

Docteur Strange de Scott Derrickson (2016)

Prologue mystérieux et violent.

Superbe accident de voiture de Docteur Strange : il a les mains bisées ! C'est terrible pour un grand chirurgien.

Un petit voyage au Népal et… l'âme, les multivers, le bien et le mal.

« Le code source qui façonne le réel. »

L'acteur qui joue Docteur Strange est celui qui jour Sherlock Holmes dans l'une des séries.

On s'ennuie avec cet entraînement du Dr Strange.

« Je suis venu guérir mes mains, pas participer à une guerre mystique. »

Il sera pourtant bien obligé !

Tout est bien qui finit bien.

Presque deux heures de bagarres invraisemblables. C'est lassant comme bien de ces films.

Il y a une scène après le générique.

« Il y a trop de sorciers », annonce la suite.

Warcraft : le commencement de Dunean Jones (2016)

Au début, il faut s'habituer aux personnages : de grosses bestioles mi-humaines pleines de muscles, de grosses défenses sortant de la bouche et accoutrés d'un tas de trucs bizarres. Ce sont les Orcs.

Ah ! Enfin des êtres humains ! Enfin… si on peut dire… Ils chevauchent des « chevaux » volants sans s'attacher : c'est pas possible ! Les montures sont des Griffons.

Pour expliquer l'invasion des Orcs, ils vont chercher le Gardien. Une jolie forêt avec des arbres magnifiques.

Ils chevauchent des loups sans selle. Ils sont venus par le grand portail pour envahir leur monde.

Les gentils Orcs veulent faire alliance avec les humains pour vaincre le méchant Guldan, qui, grâce à sa magie, détruit le monde où il est.

On s'habitue, et puis quand on s'est habitué, c'est une histoire comme les autres : les Cowboys et les Indiens. Le Grand Sorcier... Un peu à l'envers, ceci dit...

Il y a le petit Moïse aussi.

Pas mal !

JéruZalem de Doron Paz et Yoav Paz (2016)
Une citation du Talmud en début de film nous apprend que Jérusalem est une des trois portes de l'enfer.

Ça commence par un film amateur qui montre une possession post mortem... Faut aimer les mauvais films, enfin, désolé, je veux dire les films pas professionnels, même s'ils sont réalisés par des professionnels pour faire croire qu'ils ne le sont pas...

Ensuite, on continue sur le mode "amateur" avec des lunettes connectées qui filment tout et permettent de surfer sur le web, échanger des messages, etc.

Ces lunettes sont portées par une des deux jeunes filles qui font un voyage en Israël. C'est un peu l'orgie : l'une baise avec un jeune homme rencontré dans l'avion (c'est celle qui porte les lunettes/caméra) et l'autre avec un jeune Arabe qui gère l'auberge de jeunesse où elles sont logées à Jérusalem.

Comme vous l'avez remarqué en lisant ce que j'ai écrit jusqu'ici, ce film m'a agacé. Mais en fait, il n'est pas si mal que cela. Il est juste dérangeant, avec facilité, c'est sûr, mais il reste gravé dans la mémoire. En fait il est très bon, faut sortir de ses schémas traditionnels de la *Grande Forme* du cinéma.

L'action, la vraie, et la terreur, commencent après 48 minutes de film. Les portes de l'enfer se sont ouvertes et les morts reviennent en zombies (le "Z" de JéruZalem) et ils ont des ailes pour voler. Avec toute la tradition du zombie contagieux, etc.

Pauvre JéruZalem ! On ne peut s'empêcher de penser au film *World War Z* (Marc Foster 2013) qui comporte une scène terrifiante du siège de Jérusalem par les zombies.

Séries télé

De nombreuses séries télé explorent le sujet traité dans ce livre. Je ne vais pas y consacrer un chapitre. Je veux juste en citer une
Supernatural
dont l'intrigue centrale est entièrement consacrée à la guerre entre les anges et les démons. Je lui ai consacré un livre :

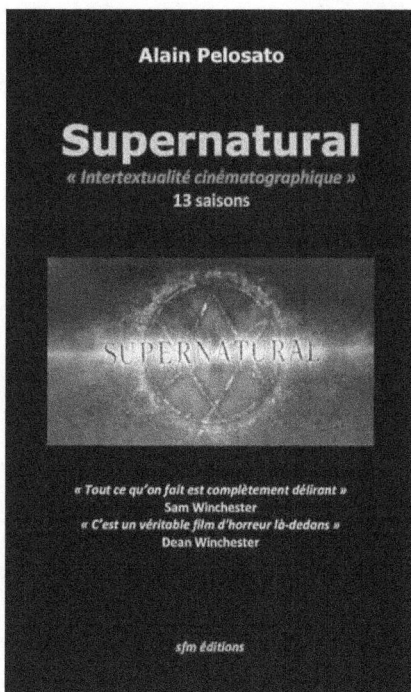

http://www.sfmag.net/sfm/Supernatural.htm

Listes de films à thèmes en relation avec celui de ce livre

Les films de cette rubrique s'arrêtent à l'année 2004

L'exorciste de William Friedkin (1973)
La version intégrale n'apporte pas grand-chose de plus. Cela permet de revoir ce film terrifiant qui a marqué les années soixante-dix et de s'apercevoir que le *son* joue un rôle déterminant dans la montée de la peur.
Il y a eu deux suites : *L'exorciste 2 L'Hérétique (1977) de John Boorman et L'exorciste 3 (1990)* et une préquelle : *Exorcist : the beginning (2004)*

Autres séquelles :
La Longue nuit de l'exorcisme de Lucio Fulci (1972) - La Maison de l'exorcisme de Mario Bava (1974) – Exorcism de Jess Franco (1974) - Stigmata de Rupert Wainwright (1999) – Les Âmes perdues de Janusz Kaminski (2000) - L'Exorcisme d'Emily Rose de Scott Derrickson (2004) - Exorcism de Steven E. DeSouza (2004) – L'Exorcisme de Manuel Carballo (2009) - Le Dernier exorcisme de Daniel Stamm (2010) - Devil Seed de Greg A. Sager (2012) - Le Dernier exorcisme 2 d'Ed-Gass-Donnelly (2013).

Diable

Le manoir du diable et Le cabinet de Mephis-
tophélès **de George Méliès (1897) – Häxan
(la sorcellerie à travers les âges)** de Benjamin Christensen (1921) – **Les visiteurs du
soir** de Marcel Carné (1941) – **La main du
diable** de Maurice Tourneur (1942) – **La
beauté du diable** de René Clair (1949) – **Un
Pacte avec le diable** de John Villiers Farrow
(1949) – **Marguerite de la nuit** de Claude
Autant-Lara (1956) – **Rendez-vous avec la
peur** de Jacques Tourneur (1958) – **L'œil du
diable** d'Igmar Bergman (1960) – **Les
vierges de Satan** de Terence Fisher (1967) –
Rosemary's Baby de Roman Polanski (1968)
– **Les Diables** de Ken Russel (1970) – **Lisa et
le diable** de Mario Bava (1972) – **L'Exorciste**
de William Friedkin (1973) et sa suite :
L'Exorciste II : L'Hérétique de John Boorman (1977) – **La Maison de l'exorcisme** de
Mario Bava (1974) – **La sentinelle des maudits** de Michael Winner (1976) – **La malédiction** de Richard Donner (1975) et ses suites :
Damien la malédiction II de Don Taylor
(1978) – **L'Enfant du diable** de Peter Medak
(1980) – **La Malédiction finale** de Graham
Baker (1981) **La Malédiction IV** de Jorge
Montesi et Dominique Othenin Girard (1991) –
Possession d'Andrzej Kulawski (1981) –

Les Enfants du maïs de Fritz Kiersh (1984) – **Les sorcières d'Eastwick** de George Miller (1987) – **Angel Heart** d'Alan Parker (1987) – **Le diable** de Susan Seidelman (1989) – **Sanctuaire** de Michele Soavi (1989) – **Mr Frost** de Philippe Setbon (1990) –**Warlock** de Steve Miner (1991) et sa suite : **Warlock 2 (The Armageddon)** d'Anthony Hickox (1993) – **La Secte** de Michele Soavi (1991) – **Ma vie est un enfer** de Josiane Balasko (1991) – **Le jour de la bête** d'Alex De La Iglesia (1995) – **Les couleurs du diable** d'Alain Jessua (1997) – **Le Témoin du mal** de Gregory Hoblit (1997) – **Spawn** de Mark A.Z. Dippé (1997) – **L'associé du diable** de Taylord Hackford (1998). – **La Neuvième porte** de Roman Polanski (1999) – **La Fin des temps** de Peter Hyams (1999) – **Possesed** d'Anders Ronnow-Klarlund (1999) – **Les Âmes perdues** de Janusz Kaminski (2000) – **L'Élue** de Chuck Russel (2000) – **Faust** de Brian Yuzna (2001) – **Jeepers Creepers (Le chant du diable)** de Victor Salva (2002) –
Cubbyhouse de Murray Fahay (2001)– **Fausto 5.0** d'Alex Olle et Isidore Ortiz et Carlos Padrissa (2002)

Enfants terribles

Le village des damnés de Wolf Rilla (1960) – **Les innocents** de Jack Clayton (1961) – **Children of the damned** d'Anton M. Leader (1963) – **Rosemary's Baby** de Roman Polanski (1968) – **Le Corrupteur** de Michael Winner (1972) – **L'autre** de Robert Mulligan (1972) – **La Malédiction** de Richard Donner (1975) – **Demain les mômes** de Jean Pourtalé (1976) – **Damien la malédiction II** de Don Taylor (1978) – **La Nuit des masques (Halloween)** de John Carpenter (1978) – **L'Enfant du diable** de Peter Medak (1980) – **Manhattan baby** de Lucio Fulci (1982) – **La Malédiction IV** de Jorge Montesi et Dominique Othenin Girard (1991) – **Le Tour d'écrou** de Rusty Lamorande (1992) – **Sixième sens** de M. Night Shyamalan (1999) – **Un jeu d'enfants** de Laurent Tuel (2001) – **Les Autres** d'Alejandro Amenabar (2001) – **Cubbyhouse** de Murray Fahay (2001) – **Godsend, expérience interdite** de Nick Hamm (2004)

En téléfilms : **Les enfants du maïs 1 et 2** d'après Stephen King

Gothique

Le Golem (Paul Wegener et Carl Bœse) 1920
– **Nosferatu** (Friedrich Wilhelm Murnau) 1922
– **Frankenstein** (James Whale) 1931 – **Dracula** (Tod Browning) 1931 – **La Fiancée de Frankenstein** (James Whale) 1935 – **La Marque du vampire** (Tod Browning) 1935 –
 La Tour de Londres (Rowland W. Lee) 1939 et son remake par Roger Corman en 1962 – **Le Récupérateur de cadavres** (Robert Wise) 1945 et son remake « **L'Impasse aux violences** » (John Gilling) 1960 – **Le Mystère du château noir** (Nathan Hertz Juran) 1952 –
 Frankenstein s'est échappé ! (Terence Fisher) 1957 (La plupart des films de Terence Fisher sont gothiques.) – **Le Cauchemar de Dracula** (Terence Fisher) 1958
– **La Revanche de Frankenstein** (Terence Fisher) 1958 –
Le Masque du démon (Mario Bava) 1960 – **Les Maîtresses de Dracula** (Terence Fisher) 1960 – **La Nuit du loup-garou** (Terence Fisher) 1961 – **La Chambre des tortures** (Roger Corman) 1961 – **Terreur** (Roger Corman) 1963 (tourné dans le décor du « **Corbeau** » par le même en 1963) – **Le Corps et le fouet** (Mario Bava) 1963 – **La Sorcière sanglante** (Antonio Margheriti sous le pseudonyme d'Anthony Dawson) 1964 –**Dracula prince des ténèbres** (Terence Fisher) 1965 – **Les Vierges de Satan** (Terence Fisher) 1967

– **Le Retour de Frankenstein** (Terence Fisher) 1969 – **Frankenstein et le monstre de l'enfer** (Terence Fisher) 1973 – **Alien le huitième passager** (Ridley Scott) 1979 – **Gothic** (Ken Russel) 1986 – **Hellraiser le pacte** (Clive Barker) 1987 et ses trois séquelles – **Batman** (Tim Burton) 1989 – **Sanctuaire** (Michele Soavi) 1989 – **Dracula** (Francis Ford Coppola) 1992 – **Candyman** (Bernard Rose) 1992 et sa suite « **Candyman 2** » (Bill Condon) 1995 – **Cabale** (Clive Barker) 1990 – **The Crow** (Alex Proyas) 1993 et ses séquelles « **The Crow la cité des anges** » (Tim Pope) 1997 et « **The Crow Salvation** » (Bharat Nalluri) 1999 – **Batman le défi** (Tim Burton) 1993 – **Frankenstein** (Kenneth Branagh) 1994 – **Entretien avec un vampire** (Neil Jordan) 1994 – **Une Nuit en enfer** (Robert Rodriguez) 1995 – **Star Trek premier contact** (Jonathan Frakes) 1997 – **Spawn** (Mark A.Z. Dippé) 1997 – **Event Horizon, *le vaisseau de l'au-delà*** (Paul Anderson) 1997 – **Vampires** (John Carpenter) 1998 – **Sleepy Hollow** de Tim Burton (2000)) – **Underworld** de Len Wiseman (2003) – **Hypnotic** de Nick Willing (2003) – **Van Helsing** de Stephen Sommers (2004)

Habitations méchantes

La Chute de la maison Usher de Jean Epstein (1928 et 1929 pour la version sonorisée) ; autres version : Yvan Barnett (1948) ; Roger Corman (1961) – **La Maison du diable** de Robert Wise (1963) – **House of damned** de Maury Dexter (1963) – **La Maison des damnés** de John Hough (1972) – **Malpertuis** de Harry Kumel (1972) – **La Maison des damnés** de John Hough (1972) – **Au rendez-vous de la mort joyeuse** de Juan Bunuel (1972) – **Lisa et le diable** de Mario Bava (1972) – **La Maison de l'exorcisme** de Mario Bava (1974) – **La Maison aux fenêtres qui rient** de Pupi Avati (1976) – **La sentinelle des maudits** de Michael Winner (1976) – **Inferno** de Dario Argento 1978

– **Amityville, la maison du diable** de Stuart Rosenberg (1979) et ses suites : **Amityville 2, le possédé** de Damiano Damiani (1982) et **Amityville 3** de Richard Fleischer (1983) (Il y a eu aussi « Amityville 4 et Amityville, la maison des poupées » à la télévision) **La Maison près du cimetière** de Lucio Fulci (1981)

– **House** de Steve Miner (1985) et ses suites **House 2** d'Ethan Wiley (1986) **House 3** et **House 4** de Lewis Abernathy (1991) – **Le Sous-sol de la peur** de Wes Craven (1991) – **Hantise** de Jan de Bont (1999) – **Le Projet Blair Witch** d'Eduardo Sanchez et Daniel Myrick (1999)

– **La Maison de l'horreur** de William Malone (1999) **– Souvenirs mortels** de Fernandez Armero (2000) – **Blair Witch 2 le livre des ombres** de Joe Berlinger (2000) **– Christina's house** de Gavin Wilding (2000) – **7 Jours à vivre** de Sebastian Niemann (2000) – **Darkness** de Jaume Balaguero (2003) – **13 Fantômes** de Steve Beck (2001) – **Un jeu d'enfants** de Laurent Tuel (2001) – **Cubbyhouse** de Murray Fahay (2001) – **Saint-Ange** de Pascal Laugier (2004) – **The Grudge** de Takashi Shimizu (2004) [A noter les films japonais du même réalisateur : **The Grudge** (2002) et **The Grudge 2** (2003)].

Sorcières

Des films qui sont consacrés aux femmes qui ont des pouvoirs surnaturels (qu'on appelle parfois sorcières) :

La Sorcellerie à travers les âges (Häxan) de Benjamin Christensen (1922) – **Ma femme est une sorcière** de René Clair (1942) – **Le Masque du démon** de Mario Bava (1960 – **Brûle, sorcière brûle** de Sydney Hayers (1962) – **La Sorcière sanglante** d'Antonio Margheriti sous le pseudonyme d'Antony Dawson (1964) – **Les Sorcières du lac** de Tonino Cervi (1970) – **Les Crocs de Satan** (La terreur des Banshee) de Gordon Hessler (1970) – **La Femme aux bottes rouges** de Juan Bunuel (1974) – **Suspiria** de Dario Argento (1976) – **La Sorcière** de Marco Bellochio (1987) – **Les Sorcières d'Eastwick** de George Miller (1987) – **Sanctuaire** de Michele Soavi (1989) – **Les Sorcières** de Nicolas Rœg (1990) – **Hocus Pocus les trois sorcières** de Kenny Ortega (1993) – **Blanche Neige** de Michael Cohn (1996) – **Dangereuse alliance** d'Andrew Fleming (1996) – **Les ensorceleuses** de Griffin Dunne (1998). – **Le Projet Blair Witch** d'Eduardo Sanchez et Daniel Myrick (1999) – **La Neuvième porte** de Roman Polanski (1999) – **Blair Witch 2** de Joe Berlinguer (2000)

À voir les séries TV comme **Ma Sorcière bien-aimée** et récemment **Charmed...**

Un film télé de Wes Craven qui ne casse pas quatre pattes à un canard : **L'été de la peur** (1978)
Et aussi **Season of the witch** de George A. Romero film dont je n'ai pas la date.

Index